ELISABETH
SANDMANN
VERLAG

WIR SIND NOCH DA!

Mutige Frauen aus Afghanistan

Nahid Shahalimi (Hg.)

WIR SIND NOCH DA!

Editorische Notiz

Die Entscheidung, ein Buch mit Beiträgen von Frauen aus Afghanistan herauszubringen, fiel wenige Tage nach der Einnahme der Hauptstadt Kabul durch die Taliban am 15. August 2021. Der Truppenabzug der Amerikaner und ihrer Verbündeten zum 31. August wurde zum katastrophalen Wettlauf gegen die Zeit. Das internationale Entsetzen war groß, als sich die Bilder von Menschenströmen verbreiteten, die in Panik den Kabuler Flughafen (notfalls zu Fuß) erreichen wollten, um das Land zu verlassen. Darunter waren Ortskräfte und ihre Familien, die für die USA und ihre Alliierten gearbeitet hatten ebenso wie JournalistInnen, KünstlerInnnen, AktivistInnen, PolitikerInnen, SportlerInnen und Kulturschaffende.

Wir überlegten, ob wir unsere Sprachlosigkeit, Wut, Trauer und Ohnmacht nicht umwandeln könnten in etwas Produktives, Positives, Sinnvolles; ein Buch, in dem wir afghanischen Frauen und Akteurinnen eine Stimme geben, sie sichtbar und hörbar machen: »Wir sind noch da!«. Frauen, die in den letzten Jahren aktiv in ihrem Land für den Wiederaufbau, für die Partizipation an Gesellschaft und Wirtschaft, für Mitbestimmung und die Gleichheit der Geschlechter gearbeitet und gekämpft haben – und über die nun eine Katastrophe hereingebrochen ist, die die ›alte Welt‹ von vor zwanzig Jahren wiederherstellen könnte. Gleichzeitig möchten wir auch hierzulande aufrütteln, denn in den USA und in Europa gibt es ebenfalls konservative-fundamentalistische Strömungen, die die Rechte von Frauen einschränken wollen und damit bereits begonnen haben. Vor allem aber wollten wir, dass die Mädchen und Frauen in Afghanistan wissen, dass wir, die wir hier in Sicherheit leben, sie nicht vergessen haben.

Mit Nahid Shahalimi hatte der Verlag bereits 2017 das Buch »Wo Mut die Seele trägt« veröffentlicht. Sie hatte zahlreiche Kontakte zu Frauen und ihren Organisationen – von Sportlerinnen, Künstlerinnen zu Politikerinnen, Ärztinnen oder Informatikerinnen. Die Frage, die wir uns stellten, war, wo sind diese Frauen jetzt und was wird aus ihnen werden. Nahid Shahalimi versuchte, nicht nur mit den Frauen vor Ort in Verbindung zu bleiben, sondern auch im Rahmen ihrer Möglichkeiten Hilfestellung zu leisten, um Menschen eine Ausreisemöglichkeit zu verschaffen.

Doch während wir von einigen Mädchen und Frauen die Gewissheit haben, dass sie das Land verlassen konnten, fehlt von anderen jede Spur. Wir wissen nicht, wo sie sind und ob sie noch leben. Und auch einige der Frauen, zu denen Nahid Shahalimi den Kontakt halten konnte, mussten in den letzten Wochen immer wieder ihre Verstecke wechseln und Angst davor haben, dass ihre Mobiltelefone geortet werden. Daher war es schwierig, Interviews zu führen und/oder bei Unklarheiten, diese in einem Gespräch klären zu können.

Manche der Gespräche und Texte wurden auf Pashto, Dari oder Deutsch geführt oder geschrieben, die meisten auf Englisch. Wir mussten uns bei den Bearbeitungen und Übersetzungen entscheiden, wie intensiv wir in die Sprache und damit auch in den Inhalt der Texte eingreifen sollten. Wir beschlossen, eine individuell-hörbare Tonlage zu erhalten und gaben diesem Ton den Vorzug gegenüber einem perfekten Deutsch.

Um einige der Beiträgerinnen nicht in noch größere Gefahr zu bringen, konnten wir bestimmte Aussagen nicht differenzierter darstellen oder wir mussten akzeptieren, dass es eine Form von Selbstzensur gab, der sich manche Frauen unterzogen.

Wir wollten wegen der Dringlichkeit des Themas nicht allzu viel Zeit verstreichen lassen und hatten weniger als zwei Monate, um die Frauen, die nun mit Beiträgen im Buch vertreten sind, zu finden, zu interviewen, Gespräche zu transkribieren, diese zu übersetzen und zu lektorieren.

Allen, die dabei geholfen haben, dies möglich zu machen, gilt unser großer Dank.

München im Oktober 2021
Dr. Elisabeth Sandmann · Verlegerin

Frauen in Afghanistan

Vorwort von Margaret Atwood

Vor sehr, sehr langer Zeit – 1978 nämlich, als Menschen, die heute vierzig Jahre alt sind, noch gar nicht geboren waren – unternahmen Graeme Gibson und ich eine Reise um die Welt. Unser Ziel war das Adelaide Festival in Australien, aber wir nahmen uns ein Round-the-World-Ticket, mit dem man unterwegs Stopps einlegen konnte, und das taten wir. Wir reisten mit unserer 18 Monate alten Tochter und meinten, dass sie zu lange in einem Flugzeug wäre, wenn wir direkt nach Australien flögen.

Der Zwischenstopp in Afghanistan war meine Entscheidung gewesen. Schon das Wenige, das ich von seiner Geschichte wusste, hatte mich von fern fasziniert – kein ausländischer Invasor einschließlich der Briten vermochte jemals, das Land über längere Zeit zu beherrschen. Berühmt ist der Ausspruch Alexanders des Großen, dass es sehr leicht sei, in Afghanistan einzumarschieren, aber sehr schwer, wieder hinauszugelangen. Auch die Russen sollten später diese Erfahrung machen, und wenige Jahrzehnte nach ihnen die Amerikaner. Warum? Vielleicht liegt es an der Verbindung von einer außerordentlich harschen Landschaft und dem unbändigen Freiheitswillen der Bewohner.

Vor unserem Abflug sagte mein Vater: »Fahrt da nicht hin, es wird bald Krieg geben.« Wie konnte er das wissen? Sechs Wochen nach unserem Besuch wurden Präsident Daoud Khan und fast seine gesamte Familie ermordet, was den über vierzigjährigen Krieg auslöste, den wir seither mitansehen. Wir hatten das Glück, dieses überwältigend schöne Land zu erleben, kurz bevor es in diesen Abgrund stürzte.

Es gibt Stimmen, die sagen, ein Grund für den Mord an Daoud Khan sei sein Eintreten für die Bildung und Berufstätigkeit von Frauen gewesen. Egal, ob das stimmt oder nicht – bei mir hat die Rolle der Frauen in Afghanistan, insbesondere ihre beinahe völlige Unsichtbarkeit im öffentlichen Leben, einen tiefen Eindruck hinterlassen. Es ist offensichtlich, dass diese Unsichtbarkeit einer der vielen – historischen wie zeitgenössischen, aus aller Welt stammenden – Einflüsse ist, die sich in der Rolle der Frau niedergeschlagen haben, die ich für die Republik Gilead aus *Der Report der Magd* entworfen habe. Ich habe dieses Buch 1981 begonnen, und es erschien 1985; meine Fiktion einer amerikanischen Theokratie, die Frauen in eine extrem untergeordnete gesellschaftliche Stellung zwingt, ist also kurz nach meinem Afghanistan-Besuch entstanden.

Doch was ist mit heute – jetzt, da in Afghanistan erneut ein puritanisches theokratisches Regime an die Macht gekommen ist? Frauen, die bislang als Lehrerinnen, Wissenschaftlerinnen, Denkerinnen, Schöpferinnen oder auch im medizinischen Bereich aktiv waren, werden zurück in die Unsichtbarkeit gezwungen. Man wird ihnen erklären, dass sie keine Ausbildung erhalten dürften, weil – hier lassen sich eine oder auch mehrere der Begründungen einfügen, die zu vielen Zeiten und in vielen Ländern gegeben wurden. Etwa, dass Frauen zu höherem Denken unfähig seien, ihre eigentliche Bestimmung darin liege, Kinder zu gebären und der Familie zu dienen, und so weiter. Im Großbritannien des 19. Jahrhunderts wurde sogar behauptet, dass das Gehirn von Frauen, die Bildung erhielten, mit zu viel Blut versorgt würde und ihre

Gebärorgane schrumpften. Es wurden unzählige Gründe angeführt, und keiner davon hält einer näheren Betrachtung stand. Sagen wir doch einfach, dass es in Wirklichkeit eher um Macht und Herrschaft geht und auch eine bösartige Seite in der menschlichen Natur zum Zug kommen soll: das Vergnügen, das manche empfinden, wenn sie anderen Schmerz zufügen.

Viele Afghaninnen haben die Behauptung, Frauen könnten nicht lehren, lernen, forschen, erfinden, heilen und erschaffen, bereits widerlegt. Vielleicht werden sie nun wieder ins Dunkel gezwungen, vor Blicken versteckt, ihre Talente ihrem Land und ihren Gemeinschaften vorenthalten; aber das, was sie bereits wissen, lässt sich nicht mehr auslöschen. Ich vermag nicht in die Zukunft zu sehen und weiß nicht, wie sich die Amputation der Frauen und ihrer Fähigkeiten auf Afghanistan auswirken wird. Vielleicht werden jüngere Frauen verzweifelter sein, weil sie die Zeit nicht erlebt haben, in der Afghaninnen aus der Unsichtbarkeit traten und sichtbar wurden. Vielleicht werden ältere Frauen beharrlicher sein in der Überzeugung, dass das, was schon einmal erreicht wurde, wieder erreicht werden kann. In unserer seltsamen und traurigen Zeit, in der wir von einer Pandemie und den grausamen Auswirkungen einer Klimakrise geplagt werden, ist nichts vorhersagbar. Aber die afghanischen Frauen selbst haben gesagt: »Wir sind noch da!« Das allein ist eine Aussage von beträchtlichem Gewicht: Nach mehr als vierzig Jahren Umsturz und Zerstörung, Wiederaufbau und neuerlicher Zerstörung haben sie schon sehr, sehr viel durchgemacht.

Ohne Frauen kann kein Land lange bestehen. Egal, wie sehr ein Regime Frauen hasst und straft, ganz ohne sie kommt es nicht aus. Aber von welcher Art werden diese Frauen sein? Wir werden es sehen.

Wir sind noch da!

Einleitung von Nahid Shahalimi

Seit ich denken kann, haben wir keine Zeit gehabt zu trauern. Eine Katastrophe hat die nächste abgelöst. Wir haben geliebte Menschen, unsere Heimat, Freiheiten und Hoffnungen verloren. Und nun wird ein ganzes Land und seine Jugend um die Zukunft gebracht, die es braucht, um es wenigstens ernähren zu können.

Auch jetzt habe ich keine Zeit zu trauern, und so wie mir geht es allen meinen afghanischen Freundinnen und Freunden – denn wir wollen jenen helfen, die noch da sind, und jenen eine Stimme geben, die keine mehr haben und vielleicht niemals mehr eine Stimme haben werden. Die radikalen Kräfte, die nun in Afghanistan wirksam sind, müssen die freie Welt, aber vor allem uns Frauen beunruhigen – um es vorsichtig zu formulieren. Afghanistan ist nur geografisch weit weg von Deutschland, radikale Ideen aber kennen keine Grenzen.

Lassen Sie mich von der Vergangenheit erzählen, weil man nur dann versteht, was wir einmal hatten und was wir immer wieder aufs Neue verloren haben.

2011: Der erste Blick vom Flugzeug aus auf den Hindukusch – nach 26 Jahren.

Als ich 2011 in einem Flugzeug der Ariana Afghan Airlines von Frankfurt nach Kabul flog, war dies meine erste Reise 26 Jahre nach unserer Flucht aus der Heimat. Ich war sehr aufgeregt, obwohl ich in Begleitung meiner Mutter war, die Afghanistan bereits zuvor und sogar schon häufiger besucht hatte. So oft hatte ich in den letzten drei Jahrzehnten von diesem Moment geträumt, konnte mir aber nicht vorstellen, wie es wirklich wäre, eines Tages in meine Heimat zurückkehren zu können. Zu meiner Überraschung saßen in dem Flieger viele Exilafghanen – Männer wie Frauen. Was wollten sie in Afghanistan? Kamen sie auch zum ersten Mal zurück? Ich stellte mir all diese Fragen und hätte am liebsten alle Passagiere nach ihren Beweggründen gefragt. Meine westlich-modisch gekleidete Sitznachbarin war 25 Jahre alt, in Deutschland geboren, hatte afghanische Eltern und sie hatte gerade ihren Master abgeschlossen. Wie sich herausstellte, wollte sie ihren Verlobten treffen, den sie auf einer der vielen unter Afghanen so üblichen und meist großen Familienfeiern kennengelernt hatte. Es war bereits ihre fünfte Reise ins Land und sie hatte nicht die Spur von Angst.

Es überkam mich ein Gefühl von Zugehörigkeit und ein Glücksgefühl, das meinen ganzen Körper durchströmte, ein Gefühl, von dem ich nicht ahnte, wie sehr ich mich danach gesehnt hatte. Zum ersten Mal verstand ich, was es hieß, ein Geburtsrecht zu haben. Hier war ich keine Außenseiterin, ich gehörte selbstverständlich dazu. Wir sprachen eine Sprache – und ich war auf dem Weg nach Hause. Ich selbst wollte mein Geburtsland nach so vielen Jahren nicht nur wiedersehen und besuchen, sondern ich wollte zurückkommen, um mich einzubringen, um zu helfen, mich für den Aufbau von sozialen und künstlerischen Projekten einsetzen, beraten, dokumentieren, berichten – und vor allem wollte ich Frauen unterstützen, in deren Situation ich mich am besten einfühlen konnte und mich selbst darin wiederfand. Ich wusste immer – seit ich zwölf Jahre alt war –, dass ich zurückgehen würde.

Es gab die Jahre, in denen es nicht möglich war, nach Afghanistan zu reisen, vor allem betraf das die 1980er-Jahre bis 2001, weil es zu gefährlich geworden war – und auch von ihnen will ich erzählen.

Ich hatte das Glück, von den Zeiten des Friedens und der Einheit noch einige unbeschwerte Jahre in meinem Land erleben zu dürfen. Für meine Familie verändert sich nicht sofort alles, aber in der Folge doch alles, als der letzte König von Afghanistan, Mohammed Zahir Schah (1914–2007), 1973 gestürzt wurde. Dieser Sturz leitete den Untergang unseres friedlichen und vereinten Zusammenlebens ein, zumindest was die vierzig Jahre vor dem Putsch betrifft. Im Dezember 1979 marschierte die sowjetische Armee in Afghanistan in dem Glauben ein, es siegreich kontrollieren zu können. Eine kommunistische Regierung wurde etabliert und die Sowjets verstrickten sich in einen Krieg mit religiösen Freiheitskämpfern. In der Folge unterstützten die USA die Mudschaheddin mit Geld und Waffen, und Afghanistan wurde der traurige Schauplatz eines Stellvertreterkrieges zwischen den USA und der Sowjetunion, wobei es verschiedene weitere Akteure gab, die ebenfalls für ihre Interessen und gegen den Westen kämpften, wie Pakistan, Saudi-Arabien, der Iran und andere. Über 1 Million Afghanen und etwa 15.000 sowjetische Soldaten starben. Als die Sowjets 1989 nach zehn Jahren abzogen, hatten wir keine Zeit, um die Toten zu betrauern, denn es folgte zwischen 1992 und 1996 ein Bürgerkrieg, in dem weitere 1,5 Millionen Menschen ihr Leben ließen. Zahlen, hinter denen Schicksale stehen und die das Land weiter in die Rückständigkeit gebombt haben. Man braucht nicht viel Fantasie, um sich vorzustellen, wo wir heute vielleicht im Hinblick auf Wohlstand und

2014: Nahid Shahalimi auf ihrer Reise durch ihr Heimatland Afghanistan.

Bildung ohne diese Konflikte wären. Der nun folgende und extrem blutige Bürgerkrieg stärkte die Taliban, die 1995/96 einen von Pakistan und Saudi-Arabien geförderten, radikalen und menschenfeindlichen Islamismus einführten. Die Nachrichten, die damals zu uns drangen, hatten eine neue Qualität des Schreckens.

Zwischen 1996 und 2001 terrorisierten sie das Land und machten aus ihrer Missachtung gegenüber Frauen keinen Hehl. In dieser Zeit war alles verboten, was als freudvoll gelten kann: Musik, Tanz, Sport, Bildung. Frauen durften sich lediglich im Gesundheitswesen betätigen und das auch nur, weil die Sterblichkeitsrate von Frauen und Kindern vor allem bei Geburten in die Höhe schoss. Heute noch ist die Rate der Analphabeten unter Frauen weltweit am höchsten, vor allem auch im Verhältnis zur Alphabetisierung der Männer. Dass Bildung von Frauen nachweislich ein nachhaltiger Weg aus der Armutsfalle ist, gilt längst als unumstößlich.

Die islamistischen Terroranschläge vom 11. September 2001 veränderten dann die Welt. Zwei von Attentätern entführte Passagierflugzeuge steuerten in die Türme des World Trade Center in New York und brachten sie zum Einsturz. Zwei weitere entführte Flugzeuge nahmen Kurs auf die Hauptstadt Washington; eine der Maschinen stürzte in das Pentagon, eine weitere stürzte vorher auf freiem Feld ab. Fast 3000 Menschen starben. Zu den Anschlägen bekannte sich das Terrornetzwerk Al-Kaida und dessen saudi-arabischer Anführer Osama bin Laden, der sich unter dem Schutz der Taliban in Afghanistan versteckt hielt. Der US-amerikanische Präsident George W. Bush rief den »Krieg gegen den Terror« aus – und dieser weitere Krieg sollte unter anderem Afghanistan von Al-Kaida- und Taliban-Netzwerken befreien. Der Sturz der Taliban Ende des Jahres 2001 brachte uns die Hoffnung auf einen Neubeginn: Jahre, in denen sich Mädchen und Frauen Freiheiten und Rechte zurückeroberten. Jahre, in denen wir wirklich glaubten, es gäbe eine Zukunft für diese Mädchen und Frauen. Über diese Jahre der Hoffnung will ich später noch erzählen.

Seit dem 15. August 2021 gibt es keinen realistischen Grund mehr für diese Hoffnung. Die Bilder im Fernsehen und in den sozialen Medien erschienen mir und allen, die sich mit dem Land verbunden fühlen, wie ein Schlag ins Gesicht. Der Schmerz und der Schock waren und sind überwältigend.

Die Taliban haben das Land unter den Augen einer fassungslosen Öffentlichkeit unter ihre Kontrolle gebracht. Sie kontrollieren nicht nur das Land, sondern auch die Angst der Menschen. Frauen trauen sich nicht mehr auf die Straße und diejenigen, die nach Bildung, Mitsprache, Teilhabe und persönlicher Freiheit strebten, bleiben besser zu Hause ebenso wie jene, die für die alliierten Truppen tätig waren und auf den Schutz dieser Allianz vertraut haben. Die Bilder der sogenannten Ortskräfte, die in Scharen mit ihren Familien oder allein im August 2021 versuchten, den Flughafen von Kabul zu erreichen, gingen um die Welt. Ebenso wie die verstörenden Nachrichten, dass Männer und Frauen, Alte und Junge nicht mehr darauf hoffen können, das Land zu verlassen. Verzweifelt versuchen sie noch immer, in die Nachbarländer (Pakistan, Usbekistan, Tadschikistan, Iran) zu gelangen, aber die meisten Grenzen sind zu oder nur mit Visa zu passieren. Sie werden Gefangene in ihrem eigenen Land sein, angewiesen auf die Welthungerhilfe, denn die Taliban können die etwa 30 Millionen Einwohner nicht ernähren. Hinzu kommt die Gefahr eines erneuten Bürgerkriegs, ausgelöst durch radikale Strömungen aus dem IS, der Anschläge verübt und selbst um Einfluss und Macht im Land ringt.

Zwar gibt es landesweite Proteste der Bevölkerung, die sogar von Frauen initiiert werden – eine dieser Frauen kommt in diesem Buch zu Wort –, aber diese Proteste sind ein lebensgefährlicher Akt, die Strafen drakonisch, die Methoden der Bestrafung mittelalterlich – die Taliban schlagen mit Peitschen und Kabeln auf Demonstranten und auch auf Reporter ein. Wenn wir auf Twitter, Instagram, YouTube und anderen Kanälen von diesen Protesten erfahren, halten wir den Atem an, denn wir alle befürchten stets das Schlimmste.

Niemals hätte ich gedacht, dass das Rad noch einmal so weit zurückgedreht werden könnte, aber die Taliban sind dabei, das Land in sehr dunkle Zeiten zu katapultieren. Dabei erinnere ich mich an ganz andere Jahre, die mir heute wie eine ferne Utopie erscheinen.

Ich wurde 1973 in eine Familie hineingeboren, in der es normal war, als Mädchen die Schule und die Universität zu besuchen und später einen Beruf als Lehrerin, Ärztin oder Wissenschaftlerin zu ergreifen. Auf dem Land war es damals natürlich rückständiger und auch konservativer, aber in den Städten arbeiteten Männer und Frauen in einem Büro oder besuchten den gleichen Hörsaal. Wer keinen Tschaderi oder Schleier tragen wollte, wurde gesetzlich nicht dazu gezwungen. In den Straßen der Hauptstadt Kabul sah man junge Frauen in kurzen Röcken. Auch von meiner Mutter und ihren Freundinnen gibt es Fotografien, auf denen sie sich in der neuesten Pariser Mode präsentieren. Es gab letztendlich eine friedliche Koexistenz konservativer, islamisch geprägter Werte und liberaler Strömungen.

Die ersten zwölf Jahre meines Lebens habe ich in privilegierten Verhältnissen gelebt. Wir wohnten in einer herrschaftlichen Villa und meine drei Schwestern und ich führten das Leben von Prinzessinnen. Mein Vater Abdul Hakim Shahalimi war eine hochgeachtete politische Persönlichkeit, bevor er sich Ende der 1960er-Jahre aus dem aktiven politischen Leben zurückzog.

Gleichsam über Nacht veränderte der Tod meines Vaters 1981 unser Leben von Grund auf.

Er starb, weil ihm die kommunistische Regierung die Ausreise für eine nur im Ausland durchzuführende, notwendige Operation verweigert hatte – und weil er selbst kein Kommunist war. Wir standen aber nicht nur in Opposition zu einem politischen System, sondern auch das beträchtliche Vermögen, das unser Vater seiner Frau und seinen Töchtern hinterlassen hatte, wurde zu einer Gefahr für uns. Frauen hatten auch damals nicht die gleichen Rechte wie Männer und ohne einen Bruder – also ohne einen männlichen Vertreter – waren wir nicht viel wert, außer in der Fantasie der Männer, vielleicht einmal attraktive, gefügige Ehefrauen abzugeben. Einige Familienmitglieder, die dem Kommunismus nahestanden und die Machtpositionen im Land anstrebten, ebenso wie andere, die Macht und Reichtum für sich geltend machten, stahlen in der darauffolgenden Zeit alles, was wir besaßen. Meine Mutter war damals 26 Jahre alt – und als sie mit Morddrohungen und der Entführung ihrer Kinder konfrontiert wurde, beschloss sie, das Land heimlich mit der Unterstützung meiner Großeltern in Richtung Pakistan zu verlassen. Wir konnten nichts mitnehmen, was mir einmal wichtig war. Ich kenne daher die Erfahrung – oder besser das Trauma –, vertrieben zu werden und alles zurücklassen zu müssen, nicht nur Besitz, sondern auch nahestehende Menschen.

Ich weiß, wie es ist, neu anzufangen. Ich kenne den Schmerz des Verlusts, und ich kenne das Gefühl von Angst und Verrat. Ich weiß auch, wie es ist, wenn einem die Kindheit gestohlen wird. In Pakistan musste meine Mutter zum ersten Mal in ihrem Leben arbeiten, damit wir über die Runden kamen. Sie war eine begabte Schneiderin und hatte ein natürliches Talent, etwas aufzubauen. Sie entwarf Kleidung für die Frauen in der Nachbarschaft und nähte sogenannte Pakol-Mützen, die die Mudschaheddin trugen und auch bei Afghanen beliebt sind. Vor allem aber wollte meine Mutter unbedingt, dass wir Mädchen zu Hause unterrichtet werden. Bildung war das Allerwichtigste, nicht nur in unserer Familie, sondern auch bei vielen unserer afghanischen Bekannten innerhalb und außerhalb des Landes.

Ich hasste mein neues Leben. In Pakistan mussten wir riesige Schleier tragen, die fast unseren ganzen Körper bedeckten, und wir verließen unsere kleine Wohnung so gut wie nie. Schließlich bekamen wir die ersehnte Einwanderungserlaubnis nach Kanada.

Als wir 1986 in meinem zweiten Zuhause, Montreal, an einem frostigen Dezembertag kanadischen Boden betraten, war ich glücklich, das Leben als Flüchtling hinter mir zu wissen. Ich spürte sofort, dass mir dieses Land neue, ungeahnte Möglichkeiten eröffnen würde, und so war es. Dem unglaublichen Willen meiner Mutter ist es zu verdanken, dass wir in Kanada ein neues, freies Leben beginnen konnten. Kanada gab uns eine zweite Chance. Meine Schwestern und ich wurden sofort in ein Eingliederungsprogramm aufgenommen, eines der besten der Welt. Wir haben eine sehr gute Schulbildung erhalten und konnten alle die Universität besuchen.

Während meines Studiums trieb ich viel Sport, meine Leidenschaft galt dem Volleyball. In meiner Familie gab es schon immer viele Sportbegeisterte, die Afghanen lieben den Sport. Eine meiner Tanten war eine sehr talentierte Basketball- und Tischtennisspielerin und liebte Kampfsport, eine andere war leidenschaftliche Badmintonspielerin. Manche Verwandte oder Nachbarn machten damals missgünstige Kommentare, weil es den weiblichen Mitgliedern unserer Familie erlaubt war, Sport zu treiben. Aber es war mein Großvater, der seine Töchter und Enkelinnen dazu angehalten und sie darin bestärkt hatte, besser zu sein als andere. So oft waren und sind es die fortschrittlichen Männer, die ihren Töchtern und Frauen Bildung und Sport ermöglichen, obwohl konservative Kräfte dies verhindern wollen. Das habe ich auch später während meiner Reisen durch Afghanistan erlebt: Mädchen, die von ihren Vätern oder Brüdern unterstützt wurden, etwas zu tun, was ihnen sonst nicht

Die Dirigentin Zarifa Adiba probt mit dem Jugendorchester des *Afghan National Institute of Music* (ANIM).

möglich gewesen wäre, blühten auf. Sport hat mir Stärke, Selbstvertrauen, Zuversicht und Freiheit geschenkt, und wann immer ich in Afghanistan Mädchen und Frauen auf Fahrrädern oder Skateboards sah, strahlten auch sie vor Glück, weil sie sich in diesen Momenten frei fühlen konnten. Jede Einzelne von ihnen hat durch den Sport zu sich selbst gefunden und er hat ihrem Leben in diesem vom Krieg geschundenen Land Hoffnung, Selbstbewusstsein, Selbstwert, Körpergefühl gegeben.

Seit ich mein langersehntes Vorhaben, in meine Heimat zurückzukehren, im Jahr 2011 endlich hatte wahrmachen können, reiste ich ab 2014 regelmäßig und mehrmals im Jahr dorthin und begegnete dabei sehr vielen Frauen, die mutig und unerschrocken ihre Ziele verfolgten und die echte Visionärinnen waren. Ab 2014 beschloss ich, inspirierende afghanische Frauen gezielt zu suchen und sie zu interviewen. Ich hatte von beeindruckenden Geschichten gehört, die ich mit anderen teilen wollte. Ich hatte das Gefühl, dass es in der westlichen Welt viele Vorurteile gegenüber afghanischen Frauen gab, die sie häufig als Opfer wahrnahm oder darstellte – und dem wollte ich entschieden etwas entgegensetzen.

2014: Die Graffiti-Künstlerin Shamsia Hassani inmitten ihres Kunstwerks *Magic*.

Fast vier Jahre lang flog ich alle zwei Monate nach Kabul und dann unter zum Teil abenteuerlichen Bedingungen in entlegene Regionen. Ich interviewte Frauen aus allen Gesellschaftsschichten, Altersstufen und ethnischen Gruppen. Frauen, die teilweise grundverschieden aufgewachsen waren, auf dem Land, in der Stadt, in einem Flüchtlingslager; solche Lager für Binnenflüchtlinge gibt es übrigens seit Jahrzehnten, es wird vermutet, dass es über 5 Millionen Langzeitvertriebene gibt.

Die Geschichten der Frauen waren der Beweis, dass es eine berechtigte Hoffnung auf eine bessere Zukunft gab. Mit großer Beharrlichkeit sind diese Frauen Widerständen und Todesdrohungen zum Trotz ihren Weg gegangen – und haben damit anderen Frauen neue Möglichkeiten eröffnet und Wege geebnet, vor allem aber waren und sind sie große Vorbilder.

Ich habe auf dieser Reise die Dirigentinnen Negin Khpolwak und Zarifa Adiba getroffen – die ersten überhaupt –, die beide mit damals noch unter 20 Jahren dem Frauen-Orchester Zohra vorstanden, einem der ersten rein weiblich besetzten Orchester der Welt. 2017 trat das Orchester anlässlich des World Economic Forums in Davos auf. Heute sind sie einer großen Öffentlichkeit bekannt. Zarifa sagte mir damals: »Wir haben eine Verantwortung, dieses Land wiederaufzubauen. Afghanen dürfen Afghanistan nicht für eine bessere Zukunft woanders verlassen.« Mittlerweile aber haben auch sie ihr Land verlassen, gewiss konnten sie sich damals nicht vorstellen, dass es wieder eine Zeit ohne Musik, ohne Instrumente, ohne Gesang geben würde.

Auch die Künstlerin Shamsia Hassani, Afghanistans erste weibliche 3D-Graffiti-Künstlerin, die an der Fakultät der Schönen Künste der

2014: Die 22-jährige Militärpilotin Shaima Noori.

Universität Kabul lehrte und die mit ihrer Kunst inzwischen weltweit bekannt und erfolgreich ist, hat das Land verlassen. Kunst an Wänden und Fassaden als Ausdruck von Freude, freiem Willen, politischem Mut oder gar Widerstand wird es nicht mehr geben.

Damals sprach ich mit der jungen Militärpilotin Shaima Noori, die selbstbewusst ihren roten Lippenstift trug, über Frauen bei der afghanischen Armee. Im Interview gab sie sich zielstrebig, sie traute sich einfach, sie selbst zu sein. Wie es ihr geht oder wo sie sich zurzeit befindet, konnte ich leider nicht in Erfahrung bringen, aber ganz sicher wird sie als Frau von keinem afghanischen Flugplatz mehr abheben.

Die Wettkämpfe der Sportlerinnen, die mich beeindruckten, kann ich heute nur noch auf YouTube betrachten, darunter die des Fußball-, Basketball-, Volleyball- oder Radfahrerinnenteams oder die Performances der Skateboarderinnen. Einige der jungen Frauen sind noch im Land und halten sich versteckt. An die Ausübung ihres Sports ist nicht mehr zu denken. Ich kann nur hoffen, dass sie Schutz finden und überleben.

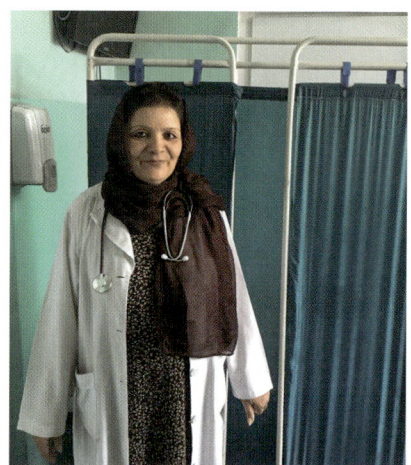

2014: Die junge Skaterin Hanifa Qayumi im Kabuler Skatingpark *Skateistan*.

2016: Die Psychiaterin Dr. Sharifa Yadgari.

Beeindruckt hat mich auch die Begegnung mit der Ärztin Dr. Sharifa Yadgari, die damals als eine der ganz wenigen Psychotherapeutinnen im Land mentale und psychische Erkrankungen behandelt hat. In einem Land mit schwer traumatisierten Menschen, darunter vielen Frauen, die heute mehr denn je an Depressionen erkranken werden, ist (oder war) sie ein Hoffnungsschimmer – aber ob auch sie je wieder auf ihrem Gebiet arbeiten können wird? 2017 sagte sie mir: »Ich erinnere mich auch noch an Zeiten als Kind, in denen ich keine Schuhe hatte, keine Schultasche und oft nicht mal Stifte und Hefte. Doch ich wusste, dass ich es schaffen musste, nicht nur für meine Familie und mich selbst, sondern auch, um etwas zum Leben in unserer Gemeinschaft beitragen zu können.«

Während meiner Aufenthalte hat es Augenblicke gegeben, in denen ich nur durch einen glücklichen Zufall überlebt habe. Am 11. Dezember 2014 war ich zu einer Veranstaltung des Institut Français in Kabul eingeladen. Einen Tag davor bekam ich dann aber die Bestätigung für ein Interview mit Maryam Durani, die in Kandahar, einer Hochburg der Taliban im Süden Afghanistans, eine Radiostation mit dem Namen »Mermon« (Frauen) betrieb und das erste Internetcafé für Frauen eröffnet hatte. So sagte ich meinen Besuch in Kabul ab und flog stattdessen nach Kandahar – und entging auf diese Weise dem Selbstmordanschlag eines Attentäters, der sich im Institut Français in die Luft sprengte und mehrere Menschen mit sich in den Tod riss.

2017 erschien mein Buch »Wo Mut die Seele trägt«, basierend auf diesen Reisen und Gesprächen – und wo immer ich es 2017 bis 2021 vorstellte, war die Veranstaltung ausverkauft. Das Interesse des Publikums war riesig, und interessanterweise kamen nicht nur Frauen, sondern auch junge Männer, darunter einige mit afghanischen Wurzeln. Es beeindruckte sie, von Frauen zu hören, die unter so widrigen Bedingungen etwas für sich und andere aufgebaut hatten.

Wir alle dachten damals, für diese Generation gäbe es eine Zukunft. Dabei hätten uns die Nachrichten über die Verhandlungen zwischen den Taliban und den USA aus dem Jahr 2018 in Doha aufschrecken müssen. Alle – Politiker, Diplomaten, Unterhändler – hätten wissen müssen, dass Frauen nichts zu erwarten haben würden, denn nicht eine Frau saß am Verhandlungstisch. Die später erfolgte Einladung einiger weniger war ein rein symbolischer Akt, man hatte nicht vorgesehen, sie mit Einfluss oder gar Macht auszustatten. Was haben die Taliban auf die Fragen dieser Verhandlungsrunde nach Schulbildung, Berufsausbildung und -ausübung für Mädchen und Frauen geantwortet? Oder hat sie womöglich niemand danach gefragt? Stand heute sollen Mädchen nur noch bis zum 12. Lebensjahr die Schule besuchen dürfen. Bereits damals hätten die Vertreter der USA und ihrer NATO-Verbündeten gefährdete Menschen aus dem Land bringen können, ja müssen. Haben sie ernsthaft geglaubt, die Taliban würden Menschen- und Frauenrechte achten?

Die neue (Übergangs-)Regierung hat Frauen aus den oberen Ebenen der Verwaltungen entfernt; Frauenstimmen im Radio wurden verboten; Spiegel in Büros oder Gebäuden verschwinden oder werden übermalt; Friseurläden und Schönheitsstudios wurden geschlossen – die Farben,

2014: Besuch der Blauen Moschee in Masar-e Scharif.

die Schönheit, die Vielfalt soll verschwinden, dabei ist Afghanistan reich an Farben. Unsere traditionelle Kleidung ist farbenfroh. Wir werden sie nicht mehr sehen. Selbst unsere Flagge ist verschwunden, stattdessen weht die weiße, farblose Flagge der Taliban. Das Frauenministerium wurde im September 2021 geschlossen und ersetzt durch ein Ministerium für »Gebet und Führung und die Förderung von Tugenden und Verhinderung von Lastern«, eine Sittenpolizei unter Kontrolle eines Taliban-Ministers – und natürlich besteht das ganze Kabinett auch nur aus männlichen Ministern. In diesem »Islamischen Emirat« sind keine Frauen in der Übergangsregierung gewollt. Dass einige der neuen Machthaber zu den weltweit meistgesuchten Terroristen gehören, zählt zur Ironie der Geschichte.

All diese Tatsachen haben sich innerhalb kürzester Zeit ereignet, und einige sind vielleicht schon taub dafür geworden. Vor ein paar Tagen habe ich die Veröffentlichungen des *Time Magazine* der 100 einflussreichsten Menschen 2021 (»TIME 100 – Most influential people of 2021«) gelesen. Unter der Kategorie »Leader« wird dort Mullah Abdul Ghani Baradar gewürdigt, einer der Gründer der Taliban-Bewegung im

Jahr 1994, »verehrt als ein charismatischer militärischer Führer und eine zutiefst fromme Gestalt«. Mein Körper war von der gleichen entsetzlichen Angst und dem Schmerz erfüllt, die ich in den ersten Wochen nach der Machtübernahme durch die Taliban am 15. August verspürt hatte. Zunächst hielt ich es für einen Scherz. Jemand muss ihren Server gehackt haben, das kann einfach nicht sein, dachte ich mir. Die Aufnahme in diese Liste ist eine Ehre, eine Würdigung, sie wird mit einer Galaveranstaltung in New York gefeiert. Es ist unvorstellbar, wie die Redakteure des Magazins so respektlos handeln konnten – denn sie zollen diesen 100 Auserwählten ausdrücklich nicht nur »Anerkennung, die Welt zu verändern, unabhängig von den Konsequenzen ihres Handelns«, sondern sie beleidigen mit dieser Wahl auch afghanische Frauen – und alle Frauen und Mädchen auf der ganzen Welt. Wie können die Entscheider von *Time* so unsensibel sein? Afghanistan blutet noch immer – und die westliche, demokratische Welt ehrt einen Taliban-Führer?

Fast vier Jahrzehnte des Krieges und der Gewalt, aber auch Korruption und ethnisch motivierter Hass haben Afghanistan mit extremer Armut und Instabilität geschlagen und die Menschen traumatisiert. Dennoch haben die Jahre, in denen die USA und ihre Verbündeten im Land waren, zumindest in den Städten – die eine größere Sicherheit versprachen –, vereinzelt aber auch auf dem Land einer ganzen Generation ein Gefühl von Freiheit vermittelt und vielen Mädchen und Frauen neue Möglichkeiten eröffnet.

Einige dieser Mädchen und Frauen, die diesen Aufbruch und eine neue Vision von der Zukunft unseres Landes verkörperten, habe ich in meinem ersten Buch porträtiert – und es fällt mir unendlich schwer zu glauben, dass dies nun alles der Vergangenheit angehören soll. Denn nun kann man in diesem Land keine Visionärin mehr sein. Wer heute eine Visionärin ist und seine Visionen laut kund tut, begibt sich in große Gefahr.

Während ich dies schreibe, frage ich mich – wie alle, die in diesem Buch zu Wort kommen –, ob wir mit unseren Aussagen der eigenen

Arbeit schaden können. Es ist immer noch notwendig, sich selbst zu zensieren – aus Angst, dass einem die Unterstützung verweigert wird, die wir alle manchmal für unsere Arbeit brauchen. Viele afghanische Frauen, die sich für ihr Land und für seine Frauen engagieren, sind – so wie ich – gezwungen, in ihrer Sprache diplomatisch korrekt zu bleiben. Immer müssen wir aufpassen, niemandem auf die Füße zu treten, um damit keine Widerstände zu provozieren, die unsere Arbeit behindern könnten. Denn grundsätzlich halten wir uns nicht unbedingt an die Etikette der für Frauen errichteten Systeme – und dies gilt selbst für die sogenannten demokratischen Länder der Welt.

Die Arbeit an diesem neuen Buch war von großen Emotionen begleitet, denn während der letzten Wochen wurden alle, mit denen ich gesprochen und versucht habe, in Kontakt zu bleiben, emotional, mental und psychisch und körperlich extrem gefordert. An Schlaf war oft nicht mehr zu denken. Einigen ist die Flucht aus dem Land gelungen, aber die meisten warten noch auf Rettung. Man kann sich diese Angst nicht vorstellen – jede neue erschütternde Nachricht zieht einem den Boden unter den Füßen weg. Ich habe die schwierigsten und schmerzhaftesten Gespräche meines Lebens geführt – denn alle meine Interviewpartnerinnen spürten ebenfalls diesen unerträglichen Schmerz, wenn innerhalb weniger Tage ein Lebenswerk und/oder die Existenz der Familie(n) und der Freundinnen und Freunde zerstört wird. Dennoch hat mir die Arbeit an diesem Buch auch die Kraft gegeben, wieder an eine Zukunft zu glauben. Wir haben Kraft in der Solidarität und im Austausch miteinander gefunden. Die Kontaktaufnahme und das Sprechen mit den für das Buch ausgewählten Frauen – und schließlich das Schreiben selbst – hatten einen therapeutischen Effekt.

In den Gesprächen haben die Frauen mitunter Tabus gebrochen, als gäbe es nichts mehr zu verlieren. Wir alle waren uns einig darin, dass die Errungenschaften der Frauen, die unter großen Opfern und mit größtem Einsatz erreicht wurden, nicht vergeblich gewesen sein dürfen! Wir werden die 12-jährigen Mädchen nicht im Stich lassen ebenso

2015: Blick durch Stacheldraht – an der Grenze zwischen Afghanistan und
Usbekistan in der Nähe von Masar-e Scharif.

wenig wie die Studentinnen an den Universitäten, die auf einen Abschluss gehofft hatten – und schon gar nicht all die Mädchen, die von Zwangsverheiratung bedroht sind. Dabei dürfen wir nicht vergessen, dass es sowohl innerhalb wie außerhalb von Afghanistan radikale Traditionalisten gibt, denen es nur recht ist, wenn die Stimmen der Frauen schweigen.

Nein, wir werden nicht schweigen und wir verharren nicht in Schockstarre – wir sind noch da! Und: Wir müssen gehört werden! Darum ist mein Appell: Hört diesen Frauen zu, seht, wer sie sind, seht ihren Einsatz für die Freiheit und für ihre Rechte. Seht sie in einem neuen Licht, sie sind keine Opfer, sie brauchen kein Bedauern, sondern eine Plattform, Unterstützung und Solidarität. Ladet sie ein, bezieht sie mit ein, in Gespräche, auf Veranstaltungen, in Expertenrunden. So viele Experten sprechen über uns und unser Land – Expertisen aus erster Hand bekommt ihr von uns – von afghanischen Frauen. Afghanische Frauen haben so viele Male bewiesen, wie stark, wie ideenreich, wie widerstandsfähig und zukunftsgewandt sie sind – und wir werden nicht schweigen, wir sind immer noch da!

Aryana Sayeed

Aryana Sayeed wurde 1985 in Kabul geboren, floh als Achtjährige mit ihrer Familie nach Pakistan, gelangte als Zwölfjährige in die Schweiz und schließlich nach London, wo sie Betriebswirtschaft studierte und sich einer Karriere als Sängerin widmete. Sie singt in ihrer Vater- und Muttersprache, den afghanischen Landessprachen Farsi und Pashto, und wurde so erfolgreich, dass sie 2011 in ihre Heimat Afghanistan zurückkehrte und dort auch im Fernsehen, u. a. als Jurorin der beliebten Fernsehformate »The Voice of Afghanistan«, »Afghan Star« auftrat und eine eigene Musikshow moderierte. 2013 wurde eine Fatwa gegen sie erlassen und Todesdrohungen ausgesprochen, da sie sich im Fernsehen ohne Kopftuch und tanzend präsentiert hatte. 2021 konnte sie nach der Machtübernahme der Taliban das Land in letzter Minute verlassen. Als eine der international bekanntesten Musikerinnen ihres Landes nutzt sie ihre Stimme im doppelten Sinne, um sich immer wieder auch für die Rechte von Frauen einzusetzen.

Kabul in Afghanistan, eine kleine Stadt mit einem großen Herzen und einer noch größeren Bevölkerung, mehr als 6 Millionen Menschen leben an diesem Ort, an dem ich geboren wurde. Nach der plötzlichen und unerwarteten Übernahme der Hauptstadt durch die Taliban am 15. August 2021 waren die Worte Kabul und Afghanistan in den weltweiten Nachrichten präsenter als alle anderen. Für mich wurden diese beiden Worte zu einem festen Bestandteil meines Lebens, als ich 2011 nach Afghanistan zurückkehrte, nachdem ich viele Jahre zuvor als Achtjährige aus dem Land geflohen war.

Als wir 1993 Kabul verlassen hatten, war Islamabad unsere erste Station, die wir zunächst mit dem Auto, dann zu Fuß über die berüchtigte afghanisch-pakistanische Grenze erreichten. Nach unserer Ankunft in Pakistan widerfuhr uns als Erstes eine unschöne Erfahrung mit einem nicht gerade freundlichen pakistanischen Vermieter, dessen kaltes und herzloses Verhalten unter anderem darauf zurückzuführen war, dass wir keine andere Wahl hatten, als hinsichtlich der Gesamtzahl unserer Familienmitglieder zu lügen. Meine Familie bestand aus meinem Vater, der ein großer und starker Mann war, und der vor meinen Augen, wie ich mich erinnere, im ersten Jahr des Bürgerkriegs zwischen den Mudschahedin-Warlords um 10 bis 15 Jahre alterte; meiner lieben Mutter, die wir letztes Jahr durch COVID verloren haben, sowie fünf meiner sechs Schwestern und mir selbst. Der Vermieter wollte diese Wohnung jedoch nicht an acht Personen, sondern nur an eine maximal fünfköpfige Familie vermieten. Da Tausende unserer Landsleute aus Afghanistan geflohen waren und in Pakistan Zuflucht suchten, wurde beschlossen, dass mein Vater zusammen mit meiner Mutter und meinen drei Schwestern in die Wohnung einziehen würde. Ich und meine beiden ältesten Schwestern sollten draußen bleiben, bis es dunkel geworden war, damit wir uns in unsere neue Wohnung schleichen konnten, ohne vom Vermieter oder von den Nachbarn gesehen zu werden, die uns am nächsten Tag vielleicht verpfeifen würden. Wir schafften es zwar, in dieser Nacht in unser neues Haus zu gelangen, aber am nächsten Tag wurden wir vom Vermieter doch als achtköpfige Familie erwischt – und man warf unser gesamtes Hab und Gut auf die Straße so wie auch uns. Wir mussten uns also nach anderen Möglichkeiten umsehen, um ein Dach über dem Kopf zu haben. Schließlich fanden wir doch noch eine Bleibe für uns alle und ließen uns in Peschawar nieder, wo ich die nächsten vier Jahre meines Lebens verbrachte, bevor ich im Alter von 12 Jahren nach Zürich in die Schweiz geschickt – oder besser gesagt »geschmuggelt« – wurde. Wir behaupteten, ich sei die Tochter einer pakistanischen Familie, damit ich mich meiner ältesten Schwester und ihren Töchtern anschließen konnte, die ein Jahr zuvor dorthin geschmuggelt worden waren.

Ein Sprung ins Jahr 2000. Meine Schwester, ihre Familie und ich landeten (durch einen weiteren Flüchtlingshelfer) in London, nachdem unser Asylantrag in der Schweiz abgelehnt worden war und man uns zurück nach Pakistan abschieben wollte. Während meiner Schulzeit in England verbrachte ich viel Zeit vor dem Spiegel mit einer Haarbürste in der Hand, die ich wie ein Mikrofon hielt, und ich sang Lieder von JLo – Jennifer Lopez, für diejenigen, die keine Fans dieser hinreißenden Diva sind – und einigen anderen Top-Künstlerinnen der westlichen Welt, darunter Destiny's Child. JLo und Beyoncé sind übrigens noch immer meine beiden Lieblingssängerinnen und ich bewundere sie sehr. Nachdem ich mein Studium der Betriebswirtschaftslehre abgeschlossen und einige Gelegenheitsjobs gemacht hatte, beschloss ich, mein Glück in der Welt der Musik, der Unterhaltung und des Ruhms zu versuchen, und begann mit der professionellen Aufnahme einiger Songs und Musikvideos. Zu dieser Zeit war für mich die Herrschaft der Taliban in Afghanistan, die 1996 nach dem Höhepunkt des Bürgerkriegs an die Macht gekommen waren und das Land bis 2001 brutal regierten, bereits eine ferne Erinnerung. Da Musik während der Taliban-Herrschaft verboten war und die Lebensqualität der Menschen in Afghanistan bereits während des Bürgerkriegs sehr gelitten hatte, gab es nicht viele afghanische Mädchen der jüngeren Generation, die eine Karriere als Musikerinnen anstrebten. So wurde ich, als absoluter Neuling im Bereich Musik und Unterhaltung, für Duett-Songs mit einem der bekanntesten männlichen Sänger Afghanistans ausgewählt und bekam sogar Angebote für gemeinsame Konzerte.

Schließlich kehrte ich im Herbst 2011 nach Afghanistan zurück und gab ein denkwürdiges Konzert auf dem Fernsehsender Tolo TV, das ein großer Erfolg wurde. Zudem wurde ich Jurorin bei der Sendung »The Voice of Afghanistan« und »Sitara-e Afghan« (»Afghan Star«) und vielem mehr – der Rest ist, wie man so schön sagt, Geschichte.

Musik hat in Afghanistan eine sehr lange Tradition.

Vom Darbaar, dem Palast der persischen Könige, bis hin zu den Häusern der einfachen Afghanen war Musik ein wesentlicher Bestandteil der Kultur meines Heimatlandes. Persisch und Persien beziehen sich übrigens auf die Sprache und die Region, die heute Afghanistan, Iran und einige andere Teile Zentralasiens umfasst, zu einer Zeit, in der es weder Afghanistan noch Iran auf der Weltkarte gab. Die 1960er- und 1970er-Jahre galten als das goldene Zeitalter der afghanischen Musik, als in der reformierten konstitutionellen Monarchie unter Mohammed Zahir Schah den Künstlern Freiheit gegeben und die Radio- und Fernsehwelt ein normaler Teil der Gesellschaft wurde. Während es für die konservativen afghanischen Durchschnittsfamilien meist inakzeptabel war, dass eine Frau sang und im Fernsehen oder Radio auftrat, wurden in diesen Jahren der breiten Öffentlichkeit dennoch viele Sängerinnen vorgestellt. Nach dem Abzug der Sowjetunion aus Afghanistan im Jahr 1989 und dem Sturz des demokratischen Präsidenten Mohammed Nadschibullāh 1992 traten Musik und Unterhaltung auch angesichts des Bürgerkriegs wieder in den Hintergrund. Nach der Übernahme durch die Taliban im Jahr 1996 wurden Fernseher und Radios abgeschaltet, Musiker und Sänger zum Schweigen gebracht – und die Musik wurde komplett verboten.

Etwa Mitte 2011 erhielt ich einen Anruf von Hasib Sayed, einem in Kanada ansässigen Konzertveranstalter und Gründer einer Unterhaltungs- und Eventmanagementfirma, den ich bereits bei zwei früheren

Anlässen in Kanada und Deutschland kennengelernt hatte und der mir schließlich einen Heiratsantrag machte und mein Lebenspartner auf all meinen denkwürdigen Reisen wurde. Hasib war zum Zeitpunkt dieses Anrufs nach Afghanistan umgezogen und wurde von Afghanistans größtem Fernsehsender, Tolo TV, angesprochen, der ein Konzert für mich organisieren wollte. Zunächst war ich recht zögerlich, da die Sicherheitslage in Afghanistan noch immer schwierig war und Selbstmordattentate und Terroranschläge zum Alltag der Menschen gehörten. Nach stunden- und sogar tagelangen Diskussionen und nachdem ich schließlich meine Familie überzeugt hatte, meinem Besuch in Afghanistan zuzustimmen, wagte ich die Reise, die mein Leben für immer verändern sollte. Zwar hatten bereits andere Konzerte in Afghanistan stattgefunden, die von verschiedenen Fernsehsendern übertragen worden waren, doch das Besondere an diesem Auftritt war, dass ich tatsächlich live auf der Bühne singen und Live-Musiker an meiner Seite spielen würden, während fast alle früheren Auftritte als Playback aufgeführt worden waren.

Das Konzert sollte zur besten Sendezeit am zweiten Tag des größten muslimischen Festes des Jahres, Eid-e Ramadan (Tag des Fastenbrechens am Ende des Ramadan), ausgestrahlt werden und wurde einige Tage vor dem Eid aufgezeichnet. Während ich durch dieses Konzert in Afghanistan über Nacht zu einem Begriff wurde, löste mein Auftritt aber auch eine Gegenreaktion des Rates der Mullahs (muslimische Priester) aus, da ich erstens während meines Auftritts kein Kopftuch trug und zweitens während einiger meiner Lieder – tatsächlich ein wenig – tanzte. Tolo TV erhielt eine Abmahnung, die sie jedoch gelassen hinnahmen, da der größte Fernsehsender des Landes dafür bekannt ist, regelmäßig gegen konservative und extremistische Denkweisen anzukämpfen. Nach diesem Konzert verliebte ich mich buchstäblich in Afghanistan, und in den nächsten zehn Jahren verbrachte ich mehr als die Hälfte oder sogar Dreiviertel eines jeden Jahres in Kabul, während ich in verschiedenen Fernsehsendungen auftrat und zahlreiche Konzerte gab.

Für einen extrem konser-
vativ eingestellten Teil
der Gesellschaft gilt es
als große Schande, wenn
eine Frau einer normalen
Arbeit außerhalb des
Hauses nachgeht, ganz zu
schweigen von jemandem,
der es wagt, eine Karriere
als Sängerin zu verfolgen.
Während also ein sehr
großer Teil der Bevölkerung
mich liebt und unterstützt,
gibt es einen anderen
Teil, der mich einfach nur
verachtet.

Die Menschen in meinem Land haben nun schon seit über vierzig Jahren mit einem andauernden Krieg zu kämpfen. Die Hauptursache für diesen Krieg ist das Aufeinandertreffen einer Gesellschaft, die sich nach Fortschritt und Modernität sehnt, mit einem extrem konservativ eingestellten Teil der Bevölkerung, der geistig noch im finsteren Mittelalter verhaftet ist. Für den extrem eingestellten Teil der Gesellschaft besteht die Hauptaufgabe der Frau darin, zu Hause zu bleiben, zu kochen und Kinder zu gebären. Für sie gilt es als große Schande, wenn eine Frau einer normalen Arbeit außerhalb des Hauses nachgeht, ganz zu schweigen von jemandem, der es wagt, eine Karriere als Sängerin zu verfolgen. Während also ein sehr großer Teil der Bevölkerung mich liebt und unterstützt, gibt es einen anderen Teil, der mich einfach nur verachtet. Es wäre keine Übertreibung, wenn ich behauptete, dass ich diesen einen Satz: »Du bringst Schande über unser Land und du bringst Schande über die Frauen Afghanistans« in den zehn Jahren, in denen ich diesem Land als Künstlerin gedient habe, wahrscheinlich mindestens über tausend Mal gehört habe. Doch während ich anfangs nicht einmal die Unterstützung meiner eigenen Familie hatte, stand mein damaliger Manager und heutiger Verlobter Hasib Sayed wie ein Fels an meiner Seite und ließ alle Beleidigungen, die ihm entgegengeschleudert wurden, einfach über sich ergehen. Ich kann mit Sicherheit sagen, dass ich mich – obwohl ich sehr mutig bin – nicht getraut hätte, nach Afghanistan zu gehen und dort so viele Jahre zu verbringen, wenn ich Hasib nicht an meiner Seite gehabt hätte.

Während ich als Jurorin bei »The Voice of Afghanistan« tätig war, präsentierte ein anderer Fernsehsender namens Noorin TV in den ersten zwölf Tagen des Fastenmonats jeden Abend einen anderen Mullah als Gast – und jeden Abend sprachen sie eine ganze Stunde lang ausschließlich über mich und darüber, welch negativen Einfluss ich auf die Gesellschaft und die Frauen in Afghanistan hatte. In der dreizehnten Nacht kamen alle zwölf Mullahs zusammen und erließen eine gemeinsame Fatwa oder ein Dekret, das besagte, dass jeder, der Aryana Sayeeds Kopf abschlägt und ihn zu ihnen bringt, in den Himmel kommen würde. Wir befanden uns zu diesem Zeitpunkt in der Mitte der Staffel der Sendung und ich konnte weder die Sendung noch das Land verlassen. Wir drehten »The Voice« einmal pro Woche, und jedes Mal hatte ich, wenn ich in meinem Jurorinnensessel saß, Angst, dass mich jemand aus dem Publikum angreifen und mir den Kopf abschlagen könnte. Leider wird in Afghanistan das Versprechen, in den Himmel zu kommen, von dem ungebildeten und sexuell frustrierten Teil der Gesellschaft sehr hochgehalten; wie Sie sich vielleicht erinnern, werden Selbstmordattentätern 72 Jungfrauen im Paradies versprochen – nachdem sie sich in die Luft gesprengt haben.

Trotz der ständigen Angst, getötet zu werden, fürchtete ich mehr als den Tod eine Gefangennahme durch die Taliban oder eine andere Terrorgruppe, um dann vergewaltigt oder vor Kameras vorgeführt zu werden.

Diese Angst hielt mich viele Nächte lang wach.

Vor etwa acht Jahren bat ich Hasib um das Versprechen, mir einfach in den Kopf zu schießen, falls ich jemals lebend gefangen genommen werden sollte. Dieses Versprechen musste vor Kurzem erneuert werden, als Hasib und ich nach der plötzlichen Machtübernahme der Taliban in Kabul festsaßen, und zwar genau an jenem Tag, an dem wir ausfliegen sollten. Während wir uns im Haus eines Cousins von Hasib versteckten und in letzter Minute den waghalsigen Entschluss fassten, kurz vor Mitternacht zum Flughafen zu fahren – einen Tag, nachdem die Taliban Kabul gestürmt und die Stadt vollständig unter ihre Kontrolle gebracht hatten –, brachte ich Hasib dazu, mir erneut zu versprechen, dass er mir einfach in den Kopf schießen würde, für den Fall, dass wir lebend gefangen genommen würden. Hasib hatte zwar versprochen, mich zuerst und dann sich selbst zu erschießen, aber ich fragte ihn scherzhaft, was wäre, wenn er es sich anders überlegte, nachdem er mich erschossen hatte?

Die plötzliche und unerwartete Machtübernahme der Taliban, nicht nur in der Hauptstadt Kabul, sondern im ganzen Land, war selbst für die nationalen und internationalen Experten der Region ein völliger Schock. Kaum jemand hatte erwartet, dass sich eine Armee von über 300.000 Mann einfach auflösen und die Waffen niederlegen würde angesichts einiger Tausend barfüßiger, ignoranter und bösartiger, bärtiger Männer mit Turbanen, die auf Motorrädern unterwegs waren. Und das, obwohl die afghanischen Soldaten über die neueste amerikanische Ausrüstung und Technologie verfügten.

Das neue Taliban-Regime hat zwar mehrfach behauptet, den Rechten der Frauen und den grundlegenden Menschenrechten unseres Volkes gegenüber aufgeschlossener zu sein, doch ihre bisherigen Taten haben etwas anderes gezeigt. Während ich diese Zeilen schreibe, hindern sie Mädchen daran, nach der sechsten Klasse oder nach der Grundschule eine Schule zu besuchen. Sie haben fast alle Frauen aus der vorherigen Regierung und sogar aus privaten Unternehmen vertrieben und gezwungen, zu Hause zu bleiben. Sie haben damit begonnen, Musik in verschiedenen Teilen des Landes zu verbieten, und es scheint, dass sie wieder zu denselben finsteren und bösartigen Taliban der Jahre 1996 bis 2001 werden. Die einzige Quelle des Drucks, den die internationale Gemeinschaft derzeit ausüben kann, sind die zugesagten Mittel, um das Land und seine Bevölkerung in dieser schwierigen Zeit zu unterstützen. Hinzu kommt, dass die Taliban trotz ihres anhaltend radikalen und extremistischen Verhaltens irgendwie hoffen, international anerkannt zu werden.

In der Zwischenzeit hat sich eine neue Generation, die sogenannte Generation Freiheit, langsam damit abgefunden, dass sie nicht mehr in der Lage sein wird, ein einigermaßen normales Leben zu führen. Mädchen und Frauen, die langsam, aber sicher begonnen hatten, sich als einigermaßen normale Menschen zu fühlen, werden gezwungen, wieder als Gefangene in ihren Wohnungen zu leben. Männer und Frauen, jung oder alt, sie alle leben in einem Zustand der Angst und des Traumas, in dem noch dazu Armut und Arbeitslosigkeit ein Rekordhoch erreicht haben. Viele unserer Bürger und Bürgerinnen, darunter auch ich, glauben jetzt, dass nur ein Wunder Afghanistan noch retten kann.

Trotz der vielen Herausforderungen, denen ich mich im Laufe der Jahre stellen musste, hatte ich im Gegensatz zu Millionen meiner Landsleute, die immer noch in Afghanistan leben, den Luxus, einen britischen Pass zu besitzen, und ich plane, meine künstlerische Karriere im Ausland fortzusetzen.

Mein Herz schmerzt, wenn ich an die vielen schönen jungen Frauen denke, die mich zum Vorbild nahmen, um vielleicht eines Tages selbst auf einer Bühne zu stehen und ihre schönen Stimmen als afghanische Sängerinnen zu erheben. Es bricht mir das Herz, wenn ich an Tausende junger Mädchen denke, die ihr Studium fortsetzen wollten, um eines Tages ihrem Volk als Ärztin, Ingenieurin oder Pilotin zu dienen. Ich werde zwar weiterhin für mein Volk singen und versuchen, die Stimme der Stimmlosen zu sein, aber ich bin mir nicht sicher, wie viele der schönen Frauen meines Landes oder auch Männer meine Musik noch werden hören oder meine Musikvideos werden sehen dürfen.

Waslat Hasrat-Nazimi

Waslat Hasrat-Nazimi wurde 1988 in Kabul geboren und lebt in Deutschland, wohin sie 1991 mit der Familie geflohen war. Sie studierte Politik- und Medienwissenschaften, arbeitet als Journalistin und Moderatorin und leitet die Afghanistan Redaktion der Deutschen Welle.

Meine Geschichte beginnt in Afghanistan, dort wurde ich als erstes von vier Kindern im Jahr 1988 in Kabul geboren.

Während meine Mutter als Nachrichtensprecherin beim afghanischen Staatsfernsehen arbeitete, studierte mein Vater Medizin und kümmerte sich nebenbei auch um mich. Ein Mann, der auf das Kind aufpasst, während die Mutter arbeiten geht, war damals wie heute eine Seltenheit. Hatte mein Vater Vorlesungen, brachte er mich zu dem an der Universität angeschlossenen Kindergarten. Sowohl Männer als auch Frauen machten sich lustig über ihn und stellten seine Männlichkeit infrage. Meinen Vater hielt das trotzdem nicht davon ab, sich liebevoll um mich und um meine Schwester zu kümmern. Gleichzeitig erzog er uns zu starken Persönlichkeiten.

Aber auch meine Mutter ist eine außergewöhnliche Frau. Obwohl sie in einer ultra-patriarchalen Gesellschaft wie der afghanischen aufgewachsen ist (oder gerade auch deshalb), hatte sie das Selbstbewusstsein eines Mannes. Sie arbeitete als Journalistin und abends als Nachrichtensprecherin. Zusammen mit meinem Vater saßen wir Kinder in unserer Wohnung in Macroyan, einem eher linken und modernen Stadtteil von Kabul, und sahen uns das Abendprogramm mit meiner Mutter als einer der ersten Nachrichtensprecherinnen des Landes an. Für mich war es nicht nur ein täglicher Anblick, meine Mutter im Fernsehen zu sehen, es war auch bestärkend und ermutigend. Einmal forderte man alle Frauen des Senders, die vor der Kamera arbeiteten, dazu auf, sich mit einem Kopftuch zu bedecken. Meine Mutter führte dann einen Streik an, bis man ihr und den anderen wieder erlaubte, ohne Hijab zu moderieren. Jede Frau sollte selbst entscheiden, was sie trägt.

Ich verdanke meinen Eltern, dass ich mich zu einer selbstbewussten und starken Frau entwickeln konnte. Ihre Unterstützung im Hinblick auf meine persönliche Entwicklung und meine Bildung waren essenziell für mich.

Als es kurz vor Ausbruch des Bürgerkriegs im Jahr 1991 zu gefährlich wurde, verließen wir Afghanistan als politische Flüchtlinge und gelangten ohne Geld und ohne Hab und Gut nach Deutschland, wo wir bei Null anfangen mussten. So wie für alle Geflüchteten war dies für meine Eltern, die mittlerweile drei Kinder hatten, der schwierigste Schritt ihres Lebens. Wenn wir uns ein Eis leisten wollten, kratzten meine Eltern dafür das Wechselgeld der Scheine, die sie vom Amt erhalten hatten, zusammen. Mein Vater versuchte sich zunächst als Blumenverkäufer und später als Pfleger. Zum Glück konnte meine Mutter ihren Beruf überall ausüben. Die Nachrichten aber konnte sie nie wieder lesen.

Ohne ein Wort Deutsch zu sprechen, wurde ich im Alter von fünf Jahren eingeschult. Glücklicherweise lernte ich die Sprache schnell und nach der Schule brachte ich meinen Schwestern den Unterrichtsstoff bei, damit sie es nicht so schwer haben würden wie ich. Lesen war meine Therapie und sie verschaffte mir den Zugang zu der deutschen Sprache und Kultur, den ich brauchte, um mich zu integrieren. Zumindest versuchte ich es. Denn gleichzeitig begegnete ich täglich Rassismus und fühlte mich nie irgendwo zugehörig.

Ähnlich erging es auch meinen Eltern. Sie fanden nirgendwo richtig Anschluss und waren ständig Diskriminierung und Ablehnung ausgesetzt. Oft hatte ich das Gefühl, dass es ihnen aber nichts ausmachte und sie diesen Gedanken der Zugehörigkeit früh begruben. Der Wunsch meines Vaters war ein anderer. Er wollte wieder als Arzt arbeiten. Mit einem enormen Ehrgeiz arbeitete er sich hoch und war lange Zeit in einer unbezahlten Stellung als Assistenzarzt tätig. Als er nach zehn Jahren seine deutsche Approbation in Händen hielt, war es wie ein Gefühl des Erfolgs für uns. Damit möchte ich nicht das Bild vermitteln, dass man als Flüchtling alles schaffen kann, wenn man nur hart arbeitet. Den Wohlstand, den andere deutsche Familien über Generationen aufbauen konnten, wird meine Familie nie erreichen. Gleichzeitig würde ich niemanden raten, sich so ausbeuten zu lassen und ohne Lohn und ohne Absicherung zu arbeiten. Der Weg war steinig und bedeutete viele Opfer für uns als Familie, aber noch heute nehme ich mir ein Beispiel am Kampfgeist meines Vaters. Trotzdem war für mich von Anfang an klar, dass ich in die Fußstapfen meiner Mutter treten und

Journalistin werden wollte, nicht Ärztin. Sie war mein Vorbild und sie bei ihrer Arbeit gesehen zu haben, hatte mich nachhaltig geprägt. Ich ahnte schon als Kind, dass sie durch ihren Beruf das Leben von Menschen verändern konnte, welche Bedeutung der Journalismus aber für mich gewinnen würde, das sollte sich erst später herausstellen.

Ich erinnere mich noch an den Tag, als ich das erste Mal nach sechzehn Jahren Abwesenheit wieder nach Kabul reiste.

Meine Studienabschlussarbeit in Politikwissenschaften und Medienwissenschaften schrieb ich über die Medien in Afghanistan und ihre Bedeutung für den Demokratisierungsprozess. Ende 2008 sprach man noch von einem erfolgreichen Prozess. Die Sicherheitslage hatte sich zwar wieder verschlechtert, aber sowohl die afghanische Regierung als auch die internationale Gemeinschaft bestärkten sich gegenseitig darin, die steigende Anzahl an Angriffen der Taliban wäre schnell im Keim zu ersticken.

Entgegen meiner Erwartung, dass es sich fremd anfühlen würde, fühlte ich mich bei meiner Ankunft so, als würde ich in den Semesterferien in meinen Heimatort fahren. Es war wie das Wiedersehen mit einer guten Freundin, die man seit seiner Kindheit kennt, und obgleich man ein Jahr nicht miteinander geredet hat, schien es doch, als sei man räumlich nie getrennt gewesen.

Mit einer Größe von 1,83 Metern fiel ich selbst in Deutschland oft auf. In Afghanistan, wo die Durchschnittskörpergröße der Mehrheit der Bevölkerung auch aufgrund von jahrzehntelangem Krieg und Mangelernährung eher klein ist, ragte ich aus jeder Menschenmenge heraus. Mir war das oft unangenehm, und ich wurde nicht als Afghanin, sondern als »Khareji« (Ausländerin) wahrgenommen. Trotzdem war meine Ankunft in Kabul wie ein Nachhausekommen. Ich erinnerte mich sogar an unsere alte Wohngegend. Ich wusste noch, wo der alte Spielplatz war. Meine Familie vor Ort konnte kaum glauben, dass mir ein Ort, den ich zuletzt als Vierjährige gesehen hatte, noch so gut in Erinnerung geblieben war. Meine Gedanken und Gefühle entsprangen meinem tiefsten Unterbewusstsein. Man hätte es auch als eine Reise in ein früheres Leben bezeichnen können.

Bepackt mit meinen Fragebögen zog ich von Straße zu Straße und betrat die kuriosesten Geschäfte, um meine empirische Arbeit aufzunehmen. Mich interessierte vor allem, ob die afghanischen Medien einen positiven Beitrag zum Demokratieverständnis der Bevölkerung in Kabul beitragen konnten. Ich führte viele Gespräche, während derer ich mich davon überzeugen konnte, dass eine diverse Medienlandschaft in Afghanistan einen enormen Stellenwert im Leben der Afghanen genoss. Ob zur Informationsbeschaffung, Bildung oder Unterhaltung: Das Fernsehen und Radio gehörten zum Alltag. In den meisten Häusern und Wohnungen in der Hauptstadt befand sich ein Fernseher. Von überall tönte Musik. Kaum zu glauben, dass es vor nur acht Jahren außer den Propagandasendern der Taliban keine Medien gegeben hatte und Fernsehen verboten gewesen war. Dies hatte sich explosionsartig geändert, nun gab es etwa siebzig TV-Sender, hunderte Radiosender und Dutzende Zeitungen. Milliardenbeträge wurden nach Afghanistan gepumpt und ein großer Teil in afghanische Medien investiert. Journalistinnen und Journalisten sowie Medienmacherinnen und Medienmacher bauten diese sorgfältig auf, bildeten sich weiter und lernten täglich dazu.

Vor der Machtübernahme der Taliban in 2021 gab es etwa 1000 afghanische Journalistinnen. Wenige Tage danach nur noch etwa 100. Im Vergleich zu den anliegenden Nachbarstaaten genoss Afghanistan eine relativ freie Presse. Hierdurch wurde das Verständnis für demokratische Strukturen einer ganzen Generation, die mit dieser Vielfalt aufgewachsen ist, geprägt. Medien, so schlussfolgerte ich nach meiner Reise, zählten zu den stärksten Grundpfeilern dieser zerbrechlichen, afghanischen Demokratie. In den vorherrschenden Machtverhältnissen ermöglichte es eine diverse Medienlandschaft bestehend aus privaten Medien, Regierungsmedien, NATO-Medien sowie Medien der Taliban,

Informationen selbstbestimmt aufzunehmen und eine Meinungsbildung zuzulassen.

In Afghanistan war Korruption überall spürbar und Teil des Alltags – ganz gleich, ob beispielsweise in den afghanischen Behörden, bei der Polizei und Sicherheitskräften oder bei kurzangelegten, unsinnigen Projekten, die mit Hilfsgeldern aus dem Ausland bezahlt wurden, bei denen der Großteil in die eigenen Taschen oder die Taschen von Regierungsvertretern und NGOs floss. Gleichzeitig grassierte im ganzen Land Unsicherheit und die anhaltenden Anschläge der Taliban behinderten den Fortschritt. Inmitten dieser Korruption und Gewalt bedeuteten Medien in Afghanistan Hoffnung. Hoffnung auf Demokratie, auf Teilhabe und Selbstbestimmung. Denn die Medien gaben der afghanischen Bevölkerung die Möglichkeit, die Entwicklung des Landes nicht nur passiv zu begleiten, sondern aufgrund ihrer »Watchdog«-Funktion auch positiv zu beeinflussen. Auch aus diesem Grund entschloss ich mich, Journalistin zu werden und über und aus Afghanistan zu berichten. Mit der wachsenden Professionalisierung gelang es Journalistinnen und Journalisten in den letzten Jahren immer mehr, auch investigativ zu berichten und Missstände sowie Korruption anzuprangern. Ich bewundere ihre Arbeit und ihren Einsatz unter Lebensgefahr. Das beste Beispiel ist die afghanische Zeitung *Etilaat Roz*. Mit ihrer preisgekrönten, investigativen Arbeit gelang es ihnen immer wieder, Korruptionsskandale von Politikern öffentlich zu machen. Wenige Tage nach der Machtübernahme der Taliban sahen sie sich jedoch gezwungen, den Druck aus finanziellen Gründen einzustellen und sich auf ihre Online-Arbeit zu fokussieren. Für alle afghanischen Medien hat nun eine sehr schwierige Zeit begonnen.

Ich bin davon überzeugt, dass mithilfe der Medien, allen voran der sozialen Medien, signifikant auf die politische Entwicklung in Afghanistan und die Politik der internationalen Gemeinschaft Einfluss genommen werden kann. Im Vergleich zu den 1990er-Jahren ist Afghanistan keine ›Blackbox‹ mehr, bei der keine Nachrichten in das Land und aus dem Land heraus gelangen. Die letzte Taliban-Herrschaft folgte auf blutige Jahre des Bürgerkriegs und Jahrzehnte der Unruhe. Zwar hat es auch seit 2001 immer noch sehr viel Gewalt gegeben – etwa 47.000 Zivilisten sind unschuldig gestorben –, dennoch gab es in Teilen Afghanistans auch friedliche Phasen und eine positive Entwicklung im täglichen Leben von Frauen, die einer Bildung nachgehen und einen Beruf ausüben konnten. Aufgrund dieser Errungenschaften glaube ich, dass Afghanen (Männer wie Frauen) keine Taliban-Herrschaft wie in den 1990er-Jahren akzeptieren werden. Aber die Zeit läuft uns davon, denn es ist nur eine Frage von Wochen, bis Afghanistan wieder vollkommen aus der öffentlichen Debatte verschwinden wird und damit auch das Interesse. Eine erste Entwicklung in diese Richtung sehen wir bereits.

Bedeutet das, dass die Taliban sich an diese Erwartungshaltung angepasst haben oder sich gar verändert haben?

Meine Antwort ist Nein. Die Taliban zeigen jetzt, dass sich ihre Ideologie nicht verändert hat und dass sie ähnliche Methoden anwenden wie bereits vor zwei Jahrzehnten. Sie peitschen und schlagen. Ohne juristische Prozesse exekutieren sie angebliche Straftäter und sie verfolgen Minderheiten und Andersdenkende. Das soziale und berufliche Leben von Frauen wird stark beschnitten, die Presse massiv eingeschränkt.

Also wie kann es möglich sein, mit dem jetzigen Taliban-Regime lösungsorientiert zu arbeiten oder gar eine Veränderung bewirken zu wollen? Es werden die Medien und vor allem die sozialen Medien sein, die die Taten der Taliban und anderer militanter Gruppen aus Afghanistan in die Öffentlichkeit tragen werden. Sie sind die Verbindung zu den Menschen in Afghanistan und werden sie aufrechterhalten und ihnen vermitteln können, dass die Menschen vor Ort nicht vergessen werden. Auch wenn die Taliban den Zugang zu Medien, wie bereits in Teilen Afghanistans geschehen, unterbinden, so werden Berichte früher oder später doch nach außen gelangen. Zusammen mit meinen

Kolleginnen und Kollegen haben wir versucht, dem entgegenzutreten, indem wir ein Kurzwellenprogramm für das Radio gestartet haben. Solange man ein geeignetes Radio hat, wird man unsere Sendung in ganz Afghanistan hören können.

Bilder von protestierenden Frauen auf den Straßen Afghanistans zeigen uns, dass sich die afghanischen Frauen keineswegs mit der Verbannung an Heim und Herd begnügen werden. Gleichzeitig wissen diese Frauen, dass man ihren Kampf im Ausland sieht und sie große Unterstützung genießen, denn viele dieser Frauen sind auf den sozialen Netzwerken aktiv. Die Taliban wissen um diese enorme Kraft der Medien und sie versuchen darum auch, westliche Journalistinnen und Journalisten zu hofieren. Diese sollen möglichst ein positives Bild von ihnen zeigen, damit die neue Regierung Anerkennung und finanzielle Unterstützung bekommen wird. Gleichzeitig reizt einige Medienvertreter vielleicht das Abenteuer, mit den Taliban zu sprechen, die viele Jahre als unerreichbar galten. So tweetete die Chefkorrespondentin der CNN, Clarissa Ward, in Vollverschleierung neben Talibankämpfern, dass sie das Gefühl habe, hautnah Geschichte mitzuerleben. Ein Schlag ins Gesicht für afghanische Journalistinnen, die um ihr Leben fürchten und nicht mehr berichten können. Westliche Journalisten sollten hier nicht in eine Falle tappen, die den Taliban in die Hände spielt.

Afghanische Journalisten hingegen werden in ihrer Arbeit täglich behindert und sogar geschlagen oder ausgepeitscht. Gleichzeitig häufen sich Berichte von Verschleppungen. So ist es nicht verwunderlich, dass Hunderte afghanischer Journalisten vor ihnen geflüchtet sind. Die, die noch im Land sind, zensieren sich selbst und/oder verstecken sich. Deshalb ist es umso wichtiger, dass Reporter, die Afghanistan gut kennen und die Sprachen des Landes sprechen, im Ausland von den europäischen Regierungen und Organisationen unterstützt werden. Seit der Vertreibung der Taliban vor zwanzig Jahren ist eine freie und unabhängige Berichterstattung afghanischer Exilmedien jetzt mehr denn je wichtig. Sie sind es, auf die wir setzen sollten, um so viel Druck wie möglich auf die militant-islamistische Gruppe auszuüben. Mithilfe von finanziellen Mitteln, Trainings und Lobby-Arbeit muss ihre Arbeit unterstützt werden.

Tausende von jungen afghanischen Hoffnungsträgern haben das Land nach dem Fall Kabuls am 15. August 2021 verlassen. Afghanische Künstler, darunter Musiker, Schauspieler, Fotografen und Menschenrechtsaktivisten, Journalisten, Sportler, Wissenschaftler und junge Regierungsvertreter, Frauen wie Männer. Der massenhafte Exodus dieser Elite, und der damit einhergehende ›Braindrain‹ ist verheerend für das humane Kapital des Landes. In einem von den Taliban regierten Afghanistan hinterlässt ihr Verlust eine große Lücke, die auf allen Ebenen spürbar sein wird, vor allem jedoch in den Wissenschaften, der Forschung, dem Handel. Dennoch werden Vertreter dieser Generation, von denen viele die früheren Jahre der Unterdrückung durch die Taliban gar nicht miterlebt haben, den Kampf für Frieden und Demokratie auch im Exil weiterführen. Inwiefern sie vor Ort kämpfen können und in ihrem eigenen Land eine Zukunft haben werden, kann unterdes angezweifelt werden.

Dennoch glaube ich an die Blume, die einen Weg durch Beton findet. Die Menschen werden auch weiterhin Kunst und Kultur suchen und hervorbringen. Frauen werden sich weiter bilden und für ihre Rechte einstehen. Die Menschenrechte werden auch jetzt nicht ihre Gültigkeit verlieren und der demokratische Geist, einst vom Westen in Afghanistan propagiert (ohne leider je aufrichtig umgesetzt worden zu sein), wird eine afghanische Form annehmen. Daran werden auch die Taliban nichts ändern können.

Mein sehnlichster Wunsch für die afghanischen Menschen ist, dass es ihnen möglich sein wird, selbstbestimmt und frei leben zu können. Ich wünsche mir, dass die Gewalt ein Ende hat und Afghaninnen und Afghanen in Sicherheit leben können.

Meine Hoffnung für das Land ist jedoch auch, dass afghanische Frauen nicht an den Rand der Gesellschaft gedrängt werden, sondern sich weiter wirtschaftlich und gesellschaftlich einbringen können und in dieser Rolle wertgeschätzt werden. Ich hoffe auch, dass Mädchen und Jungen die Schule besuchen können. Kinderarbeit und Kindersoldaten müssen endlich der Vergangenheit angehören. Ich wünsche mir, dass die Menschen in Afghanistan nicht mehr hungern und vor allem die Kinder nicht unter Mangelernährung zu leiden haben. Dafür müssen Wege gefunden werden, die afghanische Wirtschaft zu beleben und humanitäre Hilfe in das Land zu bringen, ohne dass die Taliban als Regierung voll anerkannt werden.

Ich wünsche mir zudem, dass Afghanistan im Ausland nicht vergessen wird. Zwanzig Jahre besetzten westliche Truppen unter der Führung der USA Afghanistan. Aus diesem Grund ist es die Pflicht des Westens, Rechenschaft abzulegen und aufzuarbeiten, was während dieser Zeit, und vor allem auch im Hinblick auf die Ortskräfte, die sich in den Dienst der westlichen Alliierten gestellt haben, falsch gemacht wurde.

Meine Bilanz nach zwanzig Jahren, von denen ich die letzten zwölf bewusst wahrgenommen und als Journalistin begleiten durfte, fällt ernüchternd aus. Dennoch glaube ich daran, dass diese junge afghanische Generation nicht aufgeben wird. Ich wünsche mir, mit meiner Arbeit als Journalistin auch andere junge afghanische Frauen zu ermutigen. Heute arbeite ich bei der Deutschen Welle und leite dort als erste Frau in der Geschichte der DW die Afghanistan Redaktion – ein Team von fast vierzig Kolleginnen und Kollegen. Mein Vater hat ein Leben lang seine Frau und seine Töchter gefördert und ihnen selbstverständlich die gleichen Rechte zugestanden wie Männern. Ich weiß, dass es heute in Afghanistan auch solche Väter wie meinen Vater gibt, mit Töchtern, wie wir sie waren. Töchter, die jetzt in der Hoffnungslosigkeit zu ersticken drohen. Ich weiß, dass es in Afghanistan auch Mütter gibt wie meine Mutter, die ›Role Models‹ sein und das Land bereichern könnten, es aber nicht mehr dürfen. Das Schicksal, das einst meine Mutter ereilte, die nur noch als Exil-Journalistin arbeiten konnte, teilen nun auch viele afghanische Journalistinnen. Es gibt keine Nachrichtensprecherinnen mehr in Afghanistan.

Fereshteh Forough

Fereshteh Forough ist Gründerin und Geschäftsführerin von *Code to Inspire* (CTI), der ersten Programmierschule für Mädchen in Afghanistan. Sie studierte Informatik an der Universität Herat und absolvierte einen Master-Studiengang an der Technischen Universität Berlin. Sie engagiert sich für Geschlechtergerechtigkeit und für die Förderung und Ausbildung von Mädchen und Frauen im Tech-Bereich.

Meine Eltern stammen aus Herat, einer Stadt im Westen Afghanistans. Nach der sowjetischen Invasion lebten sie als Flüchtlinge in Iran, wo ich 1985 geboren wurde. Dort schloss ich die Highschool ab. Ein Jahr nach dem Sturz der Taliban und der US-Invasion in Afghanistan zog ich im Jahr 2002 nach Afghanistan. Nach meinem Bachelorabschluss in Informatik an der Universität Herat ging ich nach Deutschland und absolvierte einen Master-Studiengang an der Technischen Universität Berlin. Anschließend kehrte ich zurück und unterrichtete etwa drei Jahre lang Informatik an der Universität Herat.

Ich bin das fünfte Kind von insgesamt acht Geschwistern, fünf Mädchen und drei Jungen. Wir alle haben einen Hochschulabschluss, entweder einen Bachelor oder einen Master. Meine Schwester hat einen Master in Wasserwirtschaft und Bauingenieurwesen und wurde als erste Frau in das Ministerium für Wasser und Energie berufen, um das Wasser- und Dammsystem in Afghanistan zu verwalten. Als die Taliban das Land übernahmen, verlor sie ihre Stelle. Auch meine Geschwister haben ihre Arbeit verloren. Nur ich und meine jüngere Schwester haben uns für den Bereich Technologie entschieden.

Ich bin auch deswegen nicht in Deutschland geblieben, weil ich unter zweihundert Bewerbern für ein Stipendium in Afghanistan ausgewählt worden war; am Ende bestanden nur fünfundzwanzig Kandidatinnen die Aufnahmeprüfung – und ich war darunter. So ergab sich die Gelegenheit, mehr Wissen zu erwerben. Nun wollte ich das, was ich gelernt hatte und noch lernen würde, weitergeben. Zudem wollte ich andere Frauen für den Bereich Informatik begeistern und inspirieren und ihnen ein Vorbild sein, damit sie ihre Fähigkeiten ausbauen und höhere Abschlüsse erreichen würden.

Bildung und Ressourcen für Frauen, insbesondere im Tech-Sektor, sind wichtig. Unsere Strategie seit 2015, dem Gründungsjahr von *Code to Inspire*, ist genau auf die Entwicklung dieser Bereiche ausgerichtet. Wir haben nicht nur Frauen im Technologiesektor ausgebildet, sondern auch eine ganze Generation von weiblichen Führungskräften – und haben ihnen dadurch eine Stimme gegeben. Was sie lernten, führte zu Arbeitsmöglichkeiten, also Jobs. Zwischen 60 und 70 Prozent unserer weiblichen Absolventen fand Arbeit in ihren Gemeinden. Wir haben etwa vierzig Projekte im Wert von 30.000 Dollar nach Afghanistan vermittelt. In Afghanistan verdienen diese Mädchen nun das Doppelte oder Dreifache des Lohns der Männer. Je mehr Geld man in die Familie einbringt, desto mehr Macht hat man in einem Land wie dem unserem, in dem hauptsächlich Männer die Entscheidungen treffen. In dem Moment, wenn auch Frauen Geld nach Hause bringen, wird auch ihre Stimme gehört. Sie gewinnen ein größeres Mitspracherecht und können an den Entscheidungsprozessen in der Familie teilhaben. Die Frauen in unserem Programm konnten sehr viel erreichen, da sie finanziell unabhängig (auch von externer Finanzierung) waren.

Ich glaube, das war einer der Gründe, warum viele Familien, Väter, Brüder und Ehemänner der Mädchen sich dafür zu interessieren begannen und die Schule ansehen wollten. Es gefiel ihnen, dass die Mädchen mit ihren Laptops Geld verdienten, ohne überhaupt zu verstehen, was sie genau taten. Schließlich wurden sie, die Männer, zu unserem Sprachrohr – und weitere Familienmitglieder und Verwandte begannen, ihre Töchter auf unsere Schule zu schicken. Es ist mehr als Bildung, es ist eine Graswurzelbewegung, die die Sichtweise der Gesellschaft in Bezug auf Investitionen in die Bildung von Mädchen, insbesondere im Bereich Technologie, verändert hat. Frauen haben weniger Mittel und Möglichkeiten und weniger Vorbilder, um über geografische Grenzen hinweg zu arbeiten, aber mit einer Internetverbindung können sie für Kunden in der ganzen Welt tätig sein. Und wir in unserer Organisation können darüber informieren, was ein Mädchen in Afghanistan tun kann. Nicht viele Menschen wissen davon.

Meine Eltern haben mich immer unterstützt. Wie viele Flüchtlinge hatten sie alles zurücklassen und neu anfangen müssen. Meine Mutter lernte nicht nur, wie man Kleider näht, sondern verkaufte sie auch, um Geld für die Familie zu verdienen und in unsere Ausbildung zu investieren, und so lernte ich von ihr, dass Unternehmertum mit leeren Händen beginnen kann. Unabhängig davon, wo man sich befindet und was man hat, ist es das Wichtigste, wie man die Möglichkeiten um sich herum zu seinem Vorteil nutzt. Auch mein Vater stand als starke Kraft hinter mir. Ich weiß noch, wie er im Iran an jede einzelne Tür klopfte, um die Papiere für uns zu besorgen, damit wir zur Schule gehen konnten. Außerdem ermutigte er mich, in der Informatik zu bleiben, weil dies seiner Meinung nach das Studienfach der Zukunft war. Ich bin also sehr dankbar, dass meine Eltern das, was ich bisher erreicht habe, in dieser Weise förderten. In Afghanistan ist es leider nicht üblich, dass Mädchen die Unterstützung der Familie erhalten, um ihren Leidenschaften nachzugehen.

Ich denke, dass die Generation, die während der sowjetischen Intervention im Exil geboren wurde und/oder später unter dem Taliban-Regime in Afghanistan geblieben ist, den Wert von Bildung kennt. Viele von uns, die es geschafft haben, einen Hochschulabschluss zu erwerben, wissen, wie wichtig und wertvoll es ist, in Bildung für alle zu investieren. Wie viele Gesetze und Einschränkungen es in Zukunft auch geben wird, ich als Informatikerin und Ausbilderin kann mit einem Laptop und einer Internetverbindung eine Menge Dinge tun, unabhängig davon, wo ich gerade bin. Es ist egal, wo wir physisch sind, wir können von überall arbeiten.

Die sogenannte Generation Freiheit, die man vielleicht auch als globale Weltbürger bezeichnen könnte, weil wir mit dem Internet aufgewachsen sind, hat die Freiheit begriffen, die wir durch das Internet erleben können. Es ist eine Welt, in der wir uns frei bewegen dürfen, ohne dass uns Fragen gestellt werden oder uns Beschränkungen auferlegt werden, wenn es um die Entlarvung von Lügen geht. Das wird die Zukunft Afghanistans verändern, egal, wie lange die Taliban bleiben und welche Gesetze sie erlassen werden. Diese Freiheit können sie uns nicht nehmen. Wenn sie das Internet kappen, kann man ein VPN (Virtual Private Network, nicht einsehbares Netzwerk) benutzen.

Für mich ist im Moment am wichtigsten, dafür zu sorgen, dass meine Schülerinnen einen Job haben, der ihnen Geld und Stabilität bringt. Aber Sichtbarkeit ist auch wichtig, wenn man zur Arbeit kommt und sich zeigt. Das bedeutet, dass du existierst und die Leute dich sehen können. Die Schwierigkeit ergibt sich aus der Notwendigkeit, physisch zu interagieren. Als die Schülerinnen noch persönlich in der Schule anwesend waren, war es uns ein Anliegen, eine Art Schwesternschaft aufzubauen. Wir wollten die Beziehung zwischen unseren Schülerinnen fördern und ihnen helfen, ohne zu zögern die Hand zu heben und sich gegenseitig zu unterstützen. Wir wollten uns gegenseitig helfen und ein gemeinsames Band knüpfen. Wenn es keinen physischen Raum gibt, ist die Verbindung nicht so stark, wie wenn man sich persönlich begegnen kann. Es gibt Vor- und Nachteile dieser Möglichkeiten, aber die Tatsache, dass die Programmiererinnen zu Hause sicher sind und ihren Lebensunterhalt verdienen können, ist eine großartige Sache für uns und für sie. Es erlaubt ihnen, in einer virtuellen Welt zu tun, was sie wollen, ohne dass ihnen Fragen gestellt werden.

Ich verehre den bekanntesten persischsprachigen Dichter Rumi. Von ihm stammt ein Satz, den ich gerade jetzt für die Situation in Afghanistan sehr zutreffend finde: »Wo Ruinen sind, gibt es Hoffnung auf einen Schatz.« Wenn man auf Afghanistans Geschichte zurückblickt, auf Jahrzehnte des Krieges, der Konflikte, der Flüchtlinge, der Unterdrückung – und jetzt, wo sich diese Ereignisse wiederholen, sieht man nur noch Ruinen: Ruinen von Leben, Unterdrückung und weggesperrte Frauen. Wenn man in Ruinen gräbt, besteht aber dennoch die Möglichkeit, auch etwas Wertvolles zu finden, und ich sehe, dass selbst in dieser sehr dunklen Situation, in der es keine Hoffnung zu geben scheint, noch Schätze zu finden sind.

Für mich sind die Mädchen Afghanistans Schätze. Wenn ich ihnen die Mittel an die Hand geben kann, die sie brauchen, um das Beste aus sich herauszuholen, hat Afghanistan noch eine Chance auf Wachstum. Sie sind die führenden Köpfe – nicht nur im Technologiesektor, sondern auch bei der Friedenskonsolidierung. Ich glaube immer noch daran, dass dies geschehen wird, und ich versuche mein Bestes, um die Arbeit, die wir leisten, fortzusetzen.

Viele von uns, die es geschafft haben, einen Hochschulabschluss zu erwerben, wissen, wie wichtig und wertvoll es ist, in Bildung für alle zu investieren. Wie viele Gesetze und Einschränkungen es in Zukunft auch geben wird, ich als Informatikerin und Ausbilderin kann mit einem Laptop und einer Internetverbindung eine Menge Dinge tun, unabhängig davon, wo ich gerade bin.

Fatima Gailani

Fatima Gailani zählt zu den profiliertesten Frauen in Afghanistan und stammt aus einer einflussreichen aristokratischen Familie. Sie studierte Persische Literatur, Islamwissenschaften und Islamisches Recht in Teheran und London. Nach 2001 war sie an der Ausarbeitung der neuen Verfassung der Islamischen Republik Afghanistan beteiligt. Von 2005–2016 war sie Präsidentin des Afghanischen Roten Halbmonds. Als eine von vier Frauen (zusammen mit Fawzia Koofi, Habiba Sarabi und Sharifa Zurmati) repräsentierte sie ihr Land 2020 bei den Friedensverhandlungen in Doha, Katar, mit dem Ziel, eine geregelte Machtübergabe an die Taliban zu erreichen. Dieses Ziel ist gescheitert.

Wie lange verhandeln Sie schon über den Frieden Afghanistans?

Fatima Gailani: Ich bin eine der vier Frauen, die an den Friedensverhandlungen der Islamischen Republik Afghanistan 2020 in Doha beteiligt waren. Ich habe unmittelbar miterlebt, wie die Hoffnung auf Frieden geschwunden ist und das Land von den Taliban übernommen wurde. Aber weil ich davon überzeugt bin, dass die Verhandlungen nicht nur eine formale Angelegenheit sind, bin ich immer noch hier in Doha und versuche, einen Weg nach vorn zu finden. Die Verhandlungen, die wir nun schon seit über einem Jahr – mit einer kleinen Pause im Januar – führen, müssen fortgesetzt werden.

Wir haben auch mit den anderen drei Teilnehmerinnen, Fawzia Koofi, Habiba Sarabi und Sharifa Zurmati, die mit Ihnen im Verhandlungsteam saßen, gesprochen und von ihnen gehört, dass es Fortschritte gab. Spiegelt dies auch Ihre Erfahrungen wider?

Nun, wenn wir realistisch gewesen wären, hätte es Fortschritte und sogar eine Einigung geben können. Die meisten von uns haben viel zu viel Zeit damit verbracht, sich über nicht existierende Dinge Sorgen zu machen. Zu sehen, wie das Land zusammenbricht und schließlich unter die Kontrolle der Taliban gerät, das war sehr schwierig. Ich habe die ganze Zeit gesagt, dass in solchen Situationen eine formelle Einigung besser ist als gar keine – selbst wenn das Übereinkommen nicht genau dem entspricht, was man wirklich will oder wünscht. Genau das ist hier aber nicht geschehen. Wir haben nicht nur auf der Verfassung als Ganzes bestanden, sondern auch darauf, dass die Taliban der Republik beitreten, und man konnte sehen, wie sie warteten und sich einfach nur sagten: Nein, nein, morgen bekommen wir das Land zurück. – Bei diesen Treffen habe ich dreimal gesagt, dass wir diesen Tag bereuen werden, keinen Kompromiss gefunden zu haben. Denn in den letzten 43 Jahren habe ich gesehen, dass wir ohne eine politische Lösung immer verlieren, unabhängig davon, ob jeder Einzelne eine klare Präferenz hat.

Meiner Meinung nach ist alles, was formal geregelt ist, auch wenn es nicht jedermanns Sache ist, besser als gar nichts. Heute haben wir kein

Abkommen. Wir können uns nicht darüber beschweren, was in Afghanistan passiert, denn wenn es ein Abkommen in Bezug auf Frauen und in Bezug auf Minderheiten gegeben hätte, wäre es heute unterzeichnet und besiegelt. Viele der Werte hätten nicht gerettet werden können, aber vielleicht doch 40 oder 50 Prozent. Nun stehen wir mit völlig leeren Händen da.

Gibt es Möglichkeiten, Brücken zu diesem neuen Regime zu bauen?

Meine Erfahrung erstreckt sich auf über 43 Jahre. Ich habe miterlebt, wie die Kommunisten die Macht übernommen haben. Ich wurde sogar für verrückt erklärt, als ich den Rückzug der Sowjetunion aus Afghanistan vorhersagte. Am Ende sind sie aus dem Land geflohen. Ich glaube, dass Verhandlungen und Gespräche auch heute noch der richtige Weg sind. Die Menschen in Afghanistan können keinen weiteren Bürgerkrieg verkraften. Es ist selten, dass Menschen in gepanzerten Fahrzeugen sterben. Die Menschen, die aber weiterhin sterben werden, sind ganz normale Menschen, die nichts mit diesem Krieg zu tun haben, die nichts mit der Politik zu tun haben. Ist das gerecht?

Was sind die nächsten Schritte, die Sie für die nahe Zukunft prognostizieren?

Was in Afghanistan geschehen ist, ist Realität. Obwohl wir die Defizite der letzten 20 Jahre mit eigenen Augen gesehen haben, haben wir uns entschieden, die Augen davor zu verschließen. Keiner hat dagegen demonstriert. Wir alle sagen: »Oh, es war Korruption, oh, es war Vetternwirtschaft, oh, es war dies oder jenes ...« Aber haben wir dagegen demonstriert? Sind wir auf die Straße gegangen? Das war doch Demokratie, oder? Wir hätten es tun können. Aber wir haben es nicht getan! Was ist also in Afghanistan schiefgelaufen? Es geschah Schritt für Schritt. Gab es einen Punkt während des Krieges, an dem wir als Afghanen, insbesondere wir Frauen, der Regierung sagten: »Genug ist genug, der Krieg muss jetzt beendet werden!«? Haben wir das getan? Nein, das haben wir nicht.

Jetzt, wo das ausländische Militär das Land verlassen hat, ist es wichtig, dass wir – das afghanische Volk, das immer gut darin war, anderen die Schuld zu geben –, die Sache selbst in die Hand nehmen und eine nationale Diskussion beginnt, um das Problem gemeinsam zu lösen. Die Frauen Afghanistans wollen nichts Ausgefallenes. Wir wollen nichts Fremdes, nichts, was den Afghanen oder den Muslimen fremd ist. Wir Frauen wollen zumindest ein Recht, das in der Mehrheit der muslimischen Länder üblich ist. Das ist es, was wir wollen, um die jetzt so geschlossenen Türen zu öffnen.

Die frühere Verfassung, oder sagen wir die verlorene Verfassung Afghanistans, an der ich maßgeblich beteiligt war, war eine islamische Verfassung. Schon damals gab es Personen, die Klauseln in die Verfassung einfügen wollten, die nicht zu der afghanischen Kultur passten. Einerseits mussten wir sie bremsen, andererseits mussten wir auch die radikalen Kräfte aufhalten. Es war eine gute Verfassung, aber wenn ein Gesetz gebrochen wird, zum Beispiel durch Korruption, dann entsteht ein Riss, und wenn ein Riss entsteht, läuft das Wasser wie aus einem gebrochenen Gefäß.

Die neue Realität Afghanistans sind heute die Taliban. Wir haben die Wahl. Flugzeuge können Tausende von Menschen mitnehmen, aber wenn sie bleiben sollen, müssen wir Gespräche führen. Wir müssen sprechen, und die Taliban sollten mit dem Rest Afghanistans sprechen. Andernfalls wird es eine Folge von Kriegen geben. Es gab in der Vergangenheit Mudschahedin und diverse Regierungen, und diese brachten die Taliban. Sie wurden gebraucht, um die anderen loszuwerden. Dann wurden die gleichen Leute, die sie loswerden wollten, geholt, um gegen die Taliban zu kämpfen. Werden wir diesen Kreislauf fortsetzen? Ist das zu rechtfertigen?

Sie sind eine der Wenigen, die schon so lange in direktem Kontakt mit den Taliban stehen. Jetzt, wo diese nichts mehr zu verlieren haben, werden sie bereit sein, sich mit Brückenbauern wie Ihnen zusammenzusetzen?

Sind Sie sicher, dass sie nichts zu verlieren haben? Sie würden das Land auf dieselbe Weise verlieren wie die Mudschahedin. Genauso wie das kommunistische Regime. Genauso wie Daoud Khan (der erste

Präsident der Republik Afghanistan) – denn der Riss ist von Daud Khan an entstanden. Der Riss wird also repariert werden müssen.

Es wird keinen Riss geben, wenn die gesamte Bevölkerung Afghanistans diese Regierung als eine afghanische Regierung betrachtet, nicht als eine Mudschahedin-Regierung oder eine Taliban-Regierung oder eine kommunistische Regierung, sondern als eine afghanische Regierung. Um eine afghanische Regierung zu bilden, muss das afghanische Volk einbezogen werden. Ich stelle mir eine Regierung vor, in der jeder ein echtes Mitspracherecht hat. Wenn die Taliban nicht auf das afghanische Volk hören werden, nicht die Realität sehen wollen, werden sie verlieren. Aber auch wir müssen versuchen, mit ihnen zu sprechen, woher sollen wir sonst wissen, ob sie zuhören werden oder nicht, wenn wir das Gespräch nicht einmal begonnen haben?

Und auf welche Weise sollte dies geschehen?

Nun, wir müssen einen Weg suchen – eine Gruppe bilden, nicht nur Frauen, um dann mit ihnen zu sprechen und zu sagen: »Schaut, wir sind nicht für irgendjemanden, wir sind für Afghanistan, wir sind für die Menschen, und wir wollen diesen Krieg beenden.« Was im Pandschir-Tal begann (hier formierte sich Widerstand gegen die Taliban), könnte auch an vielen anderen Orten beginnen.

Wie reagieren Sie auf die, die das Land verlassen wollen? Wer kann dem Mädchen in Afghanistan helfen, das Ingenieurin werden möchte, dies aber unter dem neuen Regime nicht mehr darf und nicht einmal einen Pass besitzt, um das Land zu verlassen und so seine potenzielle Karriere zu verfolgen? Welchen Rat würden Sie ihr geben?

Nicht jeder in Afghanistan würde das Land verlassen, selbst wenn er könnte. Ich glaube, dass wir nicht über Menschen urteilen sollten, die ihre Heimat verlassen haben. Die Diaspora eines jeden Landes kann sehr nützlich sein, weil viele Ausländer, die in fortschrittlichen Ländern wie Deutschland, Amerika oder wo auch immer leben, dort unterstützt wurden und werden. Daher verurteile ich diejenigen, die gegangen sind, nicht. Viele mögen behaupten, dass auch viele gebildete

Menschen unter jenen waren, die weggegangen sind. Dem stimme ich nicht zu, denn es gibt viele gebildete Menschen, die sich entschieden haben, in Afghanistan zu bleiben, und die nicht gehen konnten.

Diejenigen, die vor Kurzem das Land verlassen wollten, und diejenigen, die gegangen sind, sind eine kleine Minderheit. Die Mehrheit ist immer noch in Afghanistan. Menschen, die Ingenieure, Piloten, Chirurgen oder etwas anderes nach islamischen Werten werden wollen, sollten das dürfen. Dazu müssen sie sich den Weg bahnen und ebnen. Wir brauchen Chirurginnen, Ingenieurinnen und Frauen in allen Bereichen. Deshalb denke ich, dass es die Pflicht der Regierung ist, den Weg für die Ausbildung dieser Mädchen zu ebnen.

Möchten Sie der Welt eine Botschaft übermitteln?

Ich habe es satt, der Welt zu sagen, was sie tun soll, denn eines Tages wird sie dich doch wieder allein zurücklassen. Unsere Leute sollten das wissen: Unser Land muss repariert werden, WIR müssen zusammenkommen und egal, was passiert, WIR müssen alles daran setzen, einen neuen Krieg zu verhindern.

Und wenn ich wirklich mit der internationalen Gemeinschaft sprechen würde, würde ich sagen, dass wir vorerst die humanitären und politischen Bemühungen trennen sollten. In Afghanistan herrscht Hunger, die Menschen wurden nicht bezahlt, und die Dürre macht das Leben sehr schwer.

Manizha Wafeq

Manizha Wafeq setzt sich seit 2005 als Gender-Trainerin und mit zahlreichen Entwicklungsprojekten zur Stärkung der Rolle von Frauen, ihrer wirtschaftlichen Stärkung und zur Gleichstellung der Geschlechter ein. Durch das »Peace Through Business«-Programm des *Institute for Economic Empowerment of Women* (IEEW) hat sie afghanische Unternehmerinnen beim Aufbau und Ausbau ihrer Geschäftstätigkeit unterstützt und die Plattform *Leading Entrepreneurs for Afghanistan's Development* (LEAD) für Geschäftsfrauen geschaffen, die schließlich 2017 in die Gründung der Industrie- und Handelskammer für Frauen in Afghanistan – die *Afghanistan Women's Chamber of Commerce and Industry* (AWCCI) mündete. Die Datenbank der AWCCI führt mittlerweile über 57.000 afghanische Unternehmerinnen. Mit der Interimsregierung der Taliban und nachfolgenden Regierungen will sie über die Position afghanischer Geschäftsfrauen verhandeln.

Ich wurde 1985 in Kabul geboren. Meine Eltern waren beide Militär-ärzte und außergewöhnliche Menschen: meine Mutter, eine mei-nungsstarke Frau und stolz darauf, ihr eigenes Geld zu verdienen, ihre Familie unterstützen zu können und gleichzeitig unabhängig zu sein; mein Vater, ein liebevoller Mann mit einer ganz besonderen und zärt-lichen Sicht auf die Welt und ihre Frauen und Mädchen. Meine Eltern liebten Kinder und so wurden sie siebenfache Eltern – und vielleicht schenkte Gott ihnen wegen der wunderbaren Einstellung meines Va-ters fünf Mädchen und zwei Jungen. Ich bin die Zweitgeborene. Immer, wenn wieder ein Mädchen geboren wurde, feierte mein Vater ein gro-ßes Fest, das in unserer Kultur Shab-e-shash heißt.

Ich ging im Bezirk Shindand, in der Provinz Herat, zur Schule, weil meine beiden Eltern dorthin versetzt wurden, als ich eineinhalb Jahre alt war. Dort lebten wir neun Jahre lang. Meine Eltern blieben wäh-rend des Mudschahedin-Krieges in Afghanistan, weil sie sich beide verpflichtet hatten, dem Land zu dienen, und wir Mädchen konnten weiterhin zur Schule gehen. Als aber die Taliban Mitte der 1990er-Jahre die Macht übernahmen und die Mädchenschulen geschlossen wurden, beschlossen meine Eltern, das Land zu verlassen. So kam es, dass wir 1995 nach Pakistan zogen und erst wieder zurückkehrten, als die Tali-ban-Herrschaft gestürzt und 2002 eine Übergangsregierung eingesetzt worden war.

Ich war damals 16 Jahre alt, hatte gerade die Highschool abgeschlos-sen und besaß ein Zertifikat in Englischer Sprache und Informatik. Ich nahm sofort einen Job an und überzeugte meinen Vater, dass mich noch weiter qualifizieren wollte. Bei der *Korea International Cooperation Agency* (KOICA), einer südkoreanischen Organisation für Entwick-lungshilfe, wurde ich in einem anspruchsvollen Arbeitsumfeld die erste weibliche Mitarbeiterin. Ich wollte mich dieser Herausforderung stellen und beweisen, dass ich ihr gewachsen war. Als mir die unter-schiedliche Bezahlung meiner männlichen Kollegen und mir für die-selbe Arbeit auffiel und ich deshalb nachfragte, wurde mir gesagt, dass sie viel im Außendienst arbeiteten – doch auch ich übernahm ähnliche

59

Aufträge, wie die Begleitung unserer koreanischen Kollegen zu den Sitzungen, um zu übersetzen, den Kauf von Büroausstattung und die Abwicklung der Logistik für die Reisen der afghanischen Regierungsdelegationen, die wir nach Korea schickten.

Es gab aber auch Aufgaben, wie den direkten Kontakt zu Bauunternehmern, die mir nicht zugeteilt wurden, weil man davon ausging, dass ich als Mädchen nicht dazu in der Lage wäre. Da ich aber aus einem Elternhaus komme, in dem auch mein Vater immer vollstes Vertrauen in die Fähigkeiten seiner Töchter hatte, hatte ich eine solche Situation noch nicht erlebt. Im Laufe der Zeit und durch den Kontakt zu anderen jungen Afghanen, die für verschiedene Organisationen, Werkstätten oder in der Regierung arbeiteten, erkannte ich, dass es etwas gab, das man ›Diskriminierung von Frauen‹ nannte, etwas, das man beschreiben kann als den Unglauben an die Fähigkeiten von Frauen, und was man als Überlegenheitsgefühl der Männer gegenüber Frauen bezeichnen könnte. Das war für mich, die ich mich als den Männern gleichgestellt und einigen sogar überlegen betrachtete, inakzeptabel.

Aus diesem Grund beschloss ich, mich ganz auf die Stärkung der Rolle der Frau und die Gleichstellung der Geschlechter zu konzentrieren, und wechselte 2005 den Beruf: Ich belegte Kurse in Gender Studies, lernte, wie der Islam die Gleichstellung der Geschlechter sieht, und landete – gut ausgebildet und mit Entschlossenheit ausgerüstet – auf einem Schlachtfeld ... Ich wurde Gender-Trainerin, wurde Mitglied von Frauenbewegungen und lernte und lehrte, dass Frauen gleich gut oder besser sein können, je nachdem, welche Möglichkeiten ihnen geboten werden. Ich verstand auch, dass es nie zu spät war, das eigene Wissen und die Fähigkeiten zu verbessern und Frauen dabei zu unterstützen, ihr Leben selbst in die Hand zu nehmen – indem sie einen Beruf ergreifen, Geld verdienen und wirtschaftlich stark und unabhängig werden. Ich unterrichtete sogar einige Männer, die Referate und Abteilungen in verschiedenen Ministerien leiteten, in Gender Mainstreaming und Gender Budgeting, und es war ausgesprochen befriedigend zu sehen, dass sie wenigstens anfingen, über die aktuellen Stereotypen nachzudenken und sich zu fragen, ob sie Mädchen, Jungen, Männern und Frauen gleichermaßen gut dienten oder nicht.

2007 wurde ich für das Programm »Peace Through Business« der amerikanischen Non-Profit-Organisation *Institute for Economic Empowerment of Women* (IEEW) ausgewählt und durfte in die Vereinigten Staaten reisen. Dort wurde uns vermittelt, wie man Unternehmen beim Aufbau und Ausbau unterstützt, und ich begriff, wie wichtig politische Interessenvertretung für Geschäftsfrauen ist. Als drei Jahrgänge des Programms 2009 ihren Abschluss machten, gründeten wir unsere Alumni-Vereinigung, die wir »Peace Through Business-Network« nannten. Unser Ziel war es, eine Plattform zu schaffen, auf der wir uns weiterhin für die Entwicklung unserer Unternehmen engagieren konnten. Wir wollten andere Geschäftsfrauen unterstützen und uns für die Verbesserung des Geschäftsumfelds in Afghanistan einsetzen.

Bald schon verspürten wir das Bedürfnis, als Gruppe zu wachsen, um mehr Einfluss zu haben. Im Jahr 2013 trafen wir uns mit einer Reihe prominenter Unternehmerinnen und setzten die Diskussion über die Einrichtung einer Plattform für Geschäftsfrauen in Afghanistan fort, auch um politische Lobbyarbeit zu betreiben. Eine Reihe inspirierender Mentorinnen, die bereits politische Interessensvertretungen gegründet hatten, unterstützten uns, darunter die Gründerinnen Dr. Terry Neese und Barbara Kasoff von *Women Impacting Public Policy* (WIPP), USA, sowie Rezani Aziz, Sri Lanka, Salema Ahmad, Bangladesch, und Shamama Arbab, Peschawar, Afghanistan, die in ihren Ländern Frauenhandelskammern gegründet hatten. Dank ihrer Unterstützung und natürlich dank des *Institute for Economic Empowerment of Women* gelang uns die Gründung einer Frauenhandelskammer, wir konnten eine gute Satzung verabschieden, funktionierende Führungsmodelle etablieren und verstehen, wie sich Aktivitäten finanzieren lassen.

Auf der Grundlage der gewonnenen Erkenntnisse gründeten elf Frauen Ende 2013 eine größere Organisation unter dem Namen *Leading Entrepreneurs for Afghanistan's Development* (LEAD) (Führende

Unternehmerinnen für die Entwicklung Afghanistans), die am 22. Januar 2014 offiziell ins Leben gerufen wurde.

2014 wurden zum dritten Mal demokratische Präsidentschaftswahlen in Afghanistan abgehalten. Die auf die Wahl folgende Stichwahl zwischen Abdullah Abdullah und Aschraf Ghani, Neuauszählungen und Verhandlungen verlangsamten unserer Prozesse, da unabhängig davon, wer der nächste Präsident werden würde, nicht mehr die gleichen Minister in ihren Ämtern bleiben und die Bemühungen vielleicht umsonst gewesen sein würden. In diesem Jahr zogen die Truppen der *International Security Assistance Air Force* (ISAF) aus Afghanistan ab, die Spenden der internationalen Gemeinschaft gingen zurück, alles wurde auf Eis gelegt, Investitionen, Gebäude und sogar Eheschließungen, da die Unsicherheiten ihren vorläufigen Höhepunkt erreicht hatten.

LEAD wurde Anfang 2015 wieder aktiv. Unser Mandat bestand darin, eine wirksame Stimme der afghanischen Unternehmerinnen zu werden und Lobbyarbeit für die wirtschaftliche Stärkung der Frauen zu leisten. Eine aktive Forschungsabteilung wurde eingerichtet, zu deren ersten Aufgaben es gehörte, eine Datenbank von Geschäftsfrauen auf dem Land zu erstellen. Damals wusste niemand etwas über ihre Anzahl oder die Branchen, Standorte, Investitionen und die von ihnen geschaffenen Arbeitsplätze. LEAD begann mit der Sammlung von Daten und Informationen über Hindernisse, die sich den Geschäftsfrauen in den Weg stellten, und von ihnen vorgeschlagenen Lösungen sowie mit der Durchführung von Schulungen zur Sensibilisierung von Geschäftsfrauen in Kabul und vier anderen großen Provinzen (Herat, Balkh, Nangarhar und Kandahar) für die Bedeutung und die Methoden der politischen Interessenvertretung.

Mit dem Aufbau der Datenbank konnten wir die Brüsseler Afghanistan-Konferenz 2016 zum ersten Mal mit einer Statistik über Geschäftsfrauen in Afghanistan versorgen. Zum ersten Mal wurde das wirtschaftliche Empowerment von Frauen auch Teil einer internationalen Konferenz. Zum ersten Mal wurden auf einer internationalen

Plattform einige grundlegende Probleme und Lösungsansätze für afghanische Frauen in der Wirtschaft diskutiert. Dies trug dazu bei, dass wir an Glaubwürdigkeit gewannen und wir die Änderung des Namens von LEAD in *Afghanistan Women's Chamber of Commerce and Industry* (AWCCI) – Industrie- und Handelskammer für Frauen in Afghanistan – erreichen wollten. Dieses Ansinnen wurde zu einer harten Auseinandersetzung mit der einzigen im Land existierende Kammer, der Afghanischen Industrie- und Handelskammer (ACCI). Ihre Vertreter versuchten, uns die Genehmigung des Hohen Wirtschaftsrates unter Vorsitz des Präsidenten Aschraf Ghani zu verweigern. Doch mit Unterstützung der ehemaligen First Lady Rula Ghani erreichten wir, auf die Tagesordnung der Sitzung des Hohen Wirtschaftsrats am 12. März 2017 zu gelangen und die ersehnte Zustimmung zu erhalten.

Es war ein Tag der gemischten Gefühle. Ich fühlte mich glücklich wie eine ›Kaiserin‹, die die Welt erobert hatte, und ich fühlte mich belastet bei dem Gedanken, wie ich dieses ›Imperium‹ nun führen sollte.

Nach der offiziellen Eröffnung der ersten Afghanischen Industrie- und Handelskammer für Frauen AWCCI und der Wahl der neuen Vorstandsmitglieder begannen wir, Büros in den vier großen Provinzen – Herat für die Westzone, Balkh für die Nordzone, Nangarhar für die Ostzone und Kandahar für die Südzone – aufzubauen. Zwischen Februar und Mai 2018 führten wir in allen vier Provinzen Vorstandswahlen durch. In der Zwischenzeit arbeiteten wir daran, der Regierung eine Reihe von politischen Änderungen vorzuschlagen, zudem sicherten wir uns einen Sitz im Hohen Wirtschaftsrat und saßen am höchsten Entscheidungstisch. Eine der Initiativen, die auch politische Empfehlungen enthielt, war die Kampagne »Buy from Afghan women businesses« (Kauft von afghanischen Frauenunternehmen). Im Rahmen dieser Kampagne gelang es uns, das nationale Beschaffungsverfahren dahingehend zu ändern, dass Frauen bei der Auftragsvergabe eine Bevorzugung von 5 Prozent zuteilwurde. Der Wermutstropfen bestand darin, dass unsere erste Genehmigung durch den Hohen Wirtschaftsrat für drei Jahre erteilt wurde – und wir Frauen beweisen mussten, dass wir eine Industrie- und Handelskammer führen konnten.

Da wir im Dezember 2018 bereits fünf Büros in Kabul und vier Zonenbüros eingerichtet hatten, baten wir um ein Treffen mit dem Präsidenten Ashraf Ghani. Wir wollten dem Präsidenten und der First Lady eine umfassende Präsentation vorlegen, in der wir unsere Leistungen als Handelskammer und die Zukunftspläne der Organisation zusammenfassten. Am 31. Dezember 2018 kam dieses Treffen mit allen elf Vorstandsmitgliedern des Kabuler Büros und zwanzig Mitgliedern der zonalen Vorstände zustande. Der Präsident verwies die Angelegenheit erneut zur Erörterung an den Hohen Wirtschaftsrat – woraufhin der Status der AWCCI als ständige Kammer vom Rat gebilligt und in einem Präsidialdekret verankert wurde. Um die Betriebskosten von fünf Büros, einschließlich der Gehälter von etwa zweiundzwanzig Mitarbeiterinnen, tragen zu können, mussten wir die Kosten niedrig halten und interne Ressourcen nutzen, um unabhängiger von internationalen Partnern zu sein. Als Kammer hatten wir unsere Mitgliedsbeiträge als Einnahmequelle sowie das Sponsoring des afghanischen Privatsektors. Bis 2019 wurden die Betriebskosten der AWCCI zu 17 Prozent durch die Mitgliedsbeiträge, zu 40 Prozent durch den Privatsektor und zu 43 Prozent durch die internationalen Partner gedeckt. COVID-19 änderte das Szenario für 2020 und 2021 – und Mitte 2021 änderte sich alles.

Bis zu jenem 15. August 2021 hatten wir, basierend auf unserer Datenbank, mehr als 2471 lizenzierte Unternehmen und mehr als 54.000 nicht lizenzierte Unternehmen, die von Frauen geführt wurden, erfasst. Über 130.000 Arbeitsplätze wurden geschaffen oder die Frauen waren selbständige Unternehmerinnen. Unser Motto lautete: »Afghanische Frauen sind keine wirtschaftlichen Nutznießer, sie sind wirtschaftliche Akteure«, nicht nur, weil wir uns der Fakten und Zahlen bewusst waren, sondern auch, weil afghanische Frauen in der Geschichte Afghanistans die Hauptproduzenten der wichtigsten Exportgüter wie Teppiche, Trockenfrüchte, Gewürze und neuerdings auch des berühmten Safrans waren. Bis zu jenem 15. August 2021 war die öffentliche Wahrnehmung von Geschäftsfrauen und die Reichweite des AWCCI sowohl auf nationaler als auch auf internationaler Ebene immens. Niemand hätte sich an uns gewandt, um zu erfahren, wie Unternehmerinnen gefördert werden können, wenn unser Status als Wirtschaftsakteure nicht akzeptiert worden wäre.

Ich habe die Fortschritte von Frauen in der Wirtschaft miterlebt und kann von Tausenden von Frauen aus Kabul und den Provinzen berichten, die in Bereichen, die in der afghanischen Gesellschaft nicht traditionell und von Männern dominiert werden, Unternehmen gegründet haben. Frauen haben in den letzten 15 Jahren Pionierarbeit geleistet und Restaurants, Reisebüros, Exportunternehmen, IT- und Mediendienstleister, Logistik- und Bauunternehmen und vieles andere gegründet.

Diese Frauen, die ich täglich traf, um sie zu schulen oder ihnen als Fürsprecherin zu dienen, waren meine Energiequelle. Ich bin in zahlreiche Provinzen gereist und war immer wieder von den Fähigkeiten unserer Frauen beeindruckt. Ich erinnere mich an Amena aus Badachschan, die ein erfolgreiches Unternehmen für die Verarbeitung und Verpackung von Milchprodukten gegründet hat. Ich sehe Nazifa aus Parwan vor mir, die frischen Apfelsaft herstellt und diesen umweltfreundlich verpackt. Ich erinnere mich daran, wie Marghuba in Kabul noch Anfang dieses Jahres 2021 Pläne entwickelte, um ihr Unternehmen zur Herstellung von Bio-Seife über eine Online-Verkaufsplattform zu erweitern und ihren Bauernhof zu vergrößern. Diese Frauen waren und sind immer noch der Grund für uns alle, weiterhin für ihren Erfolg und ihr Wachstum zu arbeiten.

Als ich nach dem 15. August 2021 eingeladen wurde, diesen Beitrag zu verfassen, dachte ich, was ich schreibe, ist bereits Geschichte.

Ich habe nun aber begonnen, sie als Vorbilder für die nächste Generation von Unternehmerinnen zu betrachten. Sie können immer noch Vorbilder sein, denn viele von ihnen wurden nicht evakuiert. Einige wollten das Land nicht verlassen, und andere hatten nicht die

Möglichkeit. Die AWCCI hat sich also auch nach dem 15. August weiter für die Belange der Geschäftsfrauen eingesetzt und wird dies auch weiterhin tun. In dem Moment, in dem wir die Hoffnung verlieren, würden auch unsere langjährigen Bemühungen für afghanische Geschäftsfrauen zunichtegemacht. Damit würden wir den Mut von über 57.000 Geschäftsfrauen preisgeben.

Wir haben uns daher entschieden, mit der Taliban-Führung über die Position der afghanischen Geschäftsfrauen zu verhandeln und über die Bedeutung des Einkommens von Frauen für ihren Lebensunterhalt zu diskutieren. Ich bin stolz auf Afsana Rahimi, unsere Vorsitzende, die immer noch in Kabul lebt und die bereit ist, mit dem Handelsminister und dem Wirtschaftsminister der Taliban über die Belange der Geschäftsfrauen zu sprechen. Afsana und ich tauschen uns täglich aus. Wir haben beschlossen, diese Verhandlungen strategisch anzugehen. Wir haben unsere Mitglieder beruhigt und gebeten, ein bis zwei Monate zu warten, damit die politische Unklarheit im Lande Klarheit findet und wir unsere Ansprechpartner in der Taliban-Führung identifizieren können, um dann auf sie zuzugehen. Afsana hat Geschäftsleute und andere männliche Führungskräfte der Kammern mobilisiert, um auf die Existenz von Frauenkammern und die Bedeutung der Arbeit von Frauen im privaten Sektor hinzuweisen. Wir ersuchen die Unterstützung dieser Männer und werden dies auch weiterhin tun, und es gibt einige ›Champions‹ unter ihnen, die uns zur Seite stehen und dafür sorgen werden, dass wir unsere Arbeit wiederaufnehmen können – und falls nicht, werden wir sie ermutigen und motivieren, Champions zu werden.

Es ist dringend notwendig, dass wir gemeinsam das, was aufgebaut wurde, weiter unterstützen. Wir können auch jetzt noch Geschäftsfrauen online ausbilden und ihnen helfen, ihre Produkte online in der Welt zu verkaufen. Wir können noch immer für sie eintreten und für sie die Stimme erheben, damit die derzeitige und die nächste Regierung die Bedeutung ihrer Existenz für das wirtschaftliche Wohlergehen der Gemeinschaft des ganzen Landes erkennt.

Bis zum 15. August 2021 führten wir in der Datenbank der Industrie- und Handelskammer für Frauen in Afghanistan AWCCI mehr als 57.000 Unternehmen, die von Frauen geführt wurden. Über 130.000 Arbeitsplätze wurden geschaffen oder die Frauen waren selbständige Unternehmerinnen. Unser Motto lautete: „Afghanische Frauen sind keine wirtschaftlichen Nutznießer, sie sind wirtschaftliche Akteure."

Mariam Safi

Mariam Safi wurde 1983 in Kabul geboren. Ihre Familie floh mit ihr im Alter von fünf Jahren nach Kanada. Sie studierte Politikwissenschaft und Internationale Friedensforschung und ging 2007 zurück nach Kabul, lehrte an der *American University of Afghanistan* (AUAF), gründete 2014 das Kabuler Institut *Organization for Policy Research and Development Studies* (DROPS), einen Think-Tank für Politikforschung, Fortbildung und Interessenvertretung. Sie ist Mitbegründerin der Organisation *Afghanistan Mechanism for Inclusive Peace*, die im Rahmen der Friedensverhandlungen die Belange der Zivilgesellschaft vertrat. Mariam Safis Beteiligung an den Friedensbemühungen umfasste auch Gespräche vor dem Sicherheitsrat der Vereinten Nationen über die Stellung der Frauen im afghanischen Friedensprozess, ihre Rolle und die Herausforderungen, denen sie sich gegenübersahen. Im Januar 2016 war sie Teil der afghanischen Delegation, die zu einem zweitägigen Treffen mit den politischen Vertretern der Taliban nach Katar eingeladen wurde. Neben regelmäßigen Veröffentlichungen in internationalen und regionalen Zeitschriften gründete Safi das erste Afghanistan Women and Peace-building Journal und das von Wissenschaftlerinnen verfasste *Peer-Review-Journal Afghanistan Women and Public Policy Journal*. Sie gilt als eine der profiliertesten Expertinnen auf dem Gebiet der Friedensforschung und arbeitet mit den Vereinten Nationen, der Europäischen Union, der NATO und wissenschaftlichen Institutionen in Zentral- und Südasien sowie in Europa und Nordamerika zusammen.

»Vor siebzehn Jahren hat die Hoffnung die Verzweiflung ersetzt«, äußerte ich anlässlich des Internationalen Frauentags 2018 vor dem Sicherheitsrat der Vereinten Nationen (UNSC). Als empirische Wissenschaftlerin und als Expertin für Friedensförderung, mit 15 Jahren Erfahrung vor Ort in Afghanistan, dachte ich, dass es keine bessere Plattform gäbe, um die Perspektiven und Sorgen der Afghanen, insbesondere der Frauen, zur Sprache zu bringen. Es war mir ein Anliegen, eine wirkliche Veränderung in der Wahrnehmung hinsichtlich dessen zu erreichen, wo Afghanistan steht und wohin sich das Land entwickelt. Diese Perspektiven und Sorgen waren Bestandteil der über zehnjährigen Konsultationen, die ich auf verschiedenen Gebieten mit Mitgliedern von Gemeinden und den vielen mutigen und widerstandsfähigen Frauen Afghanistans geführt hatte. Doch im Laufe der Jahre 2018–2021 stellte ich fest, dass unsere Bemühungen auf taube Ohren stießen, und ich wurde Zeuge, wie leicht die staatlichen Akteure sie zugunsten ihrer eigenen Interessen übergingen.

2001 machten sich die Afghanen auf den Weg in eine friedliche und stabile Zukunft, in der Konflikte nur noch eine ferne Erinnerung sein sollten. Seitdem hat Afghanistan große Fortschritte gemacht. Dies spiegelte sich in einer aufgeweckten und dynamischen neuen Generation von Jugendlichen, in der Präsenz von Frauen in allen Bereichen der Gesellschaft und in der Einrichtung eines wackeligen, aber vielversprechenden demokratischen Regierungssystems wider. Dies alles wurde möglich, weil die Afghanen die internationalen Investitionen und das Engagement als Unterstützung der Hoffnung auf eine friedliche Zukunft begrüßten.

Bei meiner Rede vor dem UN-Sicherheitsrat 2018 warnte ich jedoch auch davor, dass diese Hoffnung »zu schwinden beginnt«, und erinnerte daran, dass die internationalen Partner zwar wiederholt ihre Absicht und ihren Willen bekundet hätten, sich hinter das afghanische Volk zu stellen, um dauerhaften Frieden, Sicherheit und Stabilität zu schaffen, dass es jedoch an der Zeit sei, sich an ihre Seite und nicht hinter sie zu stellen. Und ich wies darauf hin, dass die internationale Gemeinschaft die Verantwortung für den Staatsaufbau übernehmen müsse, schließlich sei dieser nach einer Blaupause des Westens erfolgt, anstatt darüber zu sprechen, wie man die eigenen Verluste begrenzen könne und sich unter dem Deckmantel eines angeblichen Übergangs hin zu mehr lokaler Eigenverantwortung zu verstecken.

Am 15. August 2021, nach zwei Jahrzehnten des Wiederaufbaus, machte sich erneut Verzweiflung breit.

Die Taliban nahmen das Land und schließlich die Hauptstadt Kabul ein und erklärten ihren Sieg. Was sich an diesem Tag ereignete, war der Triumph der Autokratie und der Fall der liberalen Demokratie.

Dies aber war auch das Ergebnis von 20 Jahren widersprüchlicher Strategien: Friedenskonsolidierung und Aufstandsbekämpfung. Auf der einen Seite waren die internationalen Friedensförderer und ihre Partner vor Ort mit dem Aufbau lokaler Kräfte, Infrastrukturen und demokratischer Institutionen beschäftigt, während auf der anderen Seite die gleichen Akteure mit der Terrorismus- und Aufstandsbekämpfung beschäftigt blieben. Daher begann sich bis 2009 die Kluft zwischen der Öffentlichkeit und der afghanischen Regierung zu vertiefen, die Sicherheitslage verschlechterte sich rapide und der Konfliktherd wurde immer unübersichtlicher, komplizierter und tödlicher. Im Jahr 2001 wurde den Afghanen gesagt, sie würden von einer einzigen Gruppe, den Taliban, bedroht, und im Jahr 2014 sagte Präsident Ghani, der afghanische Staat kämpfe gegen mehr als 20 regionale und internationale Terrorgruppen.

Die meisten AkademikerInnen und AkteurInnen verstehen unter »Friedenskonsolidierung« Maßnahmen zur Förderung von friedensbildenden Maßnahmen, wie jenen des Vertrauens und des Wohlbefindens der Menschen. Die Schaffung eines liberalen Friedens wurde zum zentralen Ziel der meisten Bemühungen nach 2001 in Afghanistan. Während des gesamten Prozesses waren die Afghanen davon überzeugt, dass ein Frieden durch staatliche Akteure erreicht werden könnte, wenn diejenigen, die zuvor ausgegrenzt worden waren – nämlich die Kräfte vor Ort und die Zivilgesellschaft –, in den Mittelpunkt der Friedensbemühungen gestellt werden würden.

Die Fortschritte in Afghanistan waren größtenteils ein Ergebnis der friedensfördernden Programme. Als jedoch die afghanischen Frauen und die Zivilgesellschaft sich für den Erhalt ebendieser Errungenschaften einsetzten, verlor die liberale, friedensfördernde Agenda an Schwung, wie sich zwischen 2019 und 2020 zeigte, denn während dieser Zeit begannen die Vereinigten Staaten, Verhandlungen mit den Taliban aufzunehmen.

Trotz der unbestreitbaren Bedeutung von Frauen an friedensbildenden Maßnahmen wurden sie ebenso wie zivilgesellschaftliche Akteure immer weiter an den Rand gedrängt. Während der Friedensgespräche zwischen den USA und den Taliban gehörten Themen wie Menschenrechte, Frauenrechte, soziale Gerechtigkeit und der Schutz der Verfassung nicht zu den »Roten Linien«, obwohl die Zivilgesellschaft und Frauengruppen den US-Botschafter Zalmay Khalilzad immer wieder dazu aufforderten, diese als solche festzuschreiben – schließlich handelte es sich dabei um Werte, an deren Erhalt und Aufbau die USA und der afghanische Staat all die Jahre gemeinsam gearbeitet hatten. Insbesondere die von Frauen geäußerten Ansichten wurden als »Frauenfragen« abgetan und ihre Anliegen wurden von den zentralen Kernpunkten, zum Beispiel Einstellung der Feindseligkeiten, Fragen zum Truppenabzug usw., getrennt. Die internationale Gemeinschaft stellte zudem allzu oft die Legitimität und Repräsentanz ihrer Sichtweisen (also die der Frauen) infrage, während sie den Taliban de facto Legitimität erteilte.

Im Jahr 2019 wurden die Anliegen der Frauen in den Gesprächen zwischen den USA und den Taliban immer wieder ausgeklammert. Die Taliban wurden implizit als die »Einheimischen« dargestellt, was ihnen die Möglichkeit gab, das Abkommen zu gestalten, obwohl sie weiterhin zahlreiche unschuldige Menschen in Afghanistan ermordeten. Frauen und ihre Organisationen hingegen wurden behandelt, als würden sie das Übereinkommen stören. Als die Frauen die Wahrung ihrer verfassungsmäßigen Rechte forderten, wurden sie beschwichtigt und von der internationalen Gemeinschaft darauf hingewiesen, dass diese Frage nicht in den Zuständigkeitsbereich solcher Gespräche falle. Und als die Frauen vor Schnellschüssen warnten, wurden sie dafür kritisiert, dass sie ihre Zukunft nicht selbst in die Hand nahmen. Das sind die Dynamiken, von denen wir wissen, dass sie die Fallstricke der liberalen Friedenskonsolidierung sind – dass nämlich diejenigen, die in Machtpositionen sind, illiberale Ansätze wählen und sie durch Versprechen künftiger liberaler Ergebnisse rechtfertigen.

Ich habe die Vereinten Nationen in der Generalversammlung im September 2019 aufgefordert, diesen Kurs zu ändern, und ich habe davor gewarnt, dass die internationale Gemeinschaft und ihre afghanischen Partner ohne signifikante Änderungen einen monumentalen Verlust von 18 Jahren Errungenschaften für die Rechte aller Afghanen und eine weitere gescheiterte friedensfördernde Intervention riskieren. Hier ein Zitat aus meiner damaligen Rede: »Es ist an der Zeit, das zu übernehmen, was wir aus unserem gemeinsamen Verständnis und unserer Definition von Friedenskonsolidierung gelernt haben – dass ein dauerhafter Frieden nur zu erreichen ist, indem wir lokale Gemeinschaften und insbesondere Frauen und die Zivilgesellschaft in den Mittelpunkt der Bemühungen um Konfliktlösung und Friedenskonsolidierung stellen.« Ich wies auf die bemerkenswerte Mobilisierung von Frauen und Frauenorganisationen hin, seit die USA ihre Pläne zur Aushandlung eines Abkommens mit den Taliban bekannt gegeben hatten, und wiederholte, dass die Frauen in Afghanistan in einer Weise zusammengekommen waren, wie es weltweit noch nie vorher in einem Friedensprozess der Fall gewesen war.

Die Frauen setzten sich über ethnische, religiöse und sektorale Grenzen hinweg dafür ein, einen Rückschritt hinsichtlich der verfassungsmäßigen Rechte der Frauen, der bürgerlichen Freiheiten und der Demokratie zu verhindern. Sie hielten landesweite Konsultationen ab, sprachen mit aktuellen und ehemaligen Taliban-Mitgliedern, organisierten Konferenzen und runde Tische, schrieben Meinungsbeiträge, führten friedliche Proteste in Kabul und im ganzen Land durch und

Im Jahr 2019 wurden die Anliegen der Frauen in den Gesprächen zwischen den USA und den Taliban immer wieder ausgeklammert. Die Taliban wurden implizit als die „Einheimischen" dargestellt... Frauen und ihre Organisationen hingegen wurden behandelt, als würden sie das Über-einkommen stören.

gaben politische Empfehlungen ab, die unter anderem im dritten Band unseres *Women and Public Policy Journal* veröffentlicht wurden.

Die afghanischen Frauen appellierten auch an die internationale Gemeinschaft, ihnen in ihrem Kampf für Integration und nachhaltigen Frieden beizustehen. »No Peace Without Women« (Kein Frieden ohne Frauen), »My Red Line« (Meine rote Linie) und »Women Will Not Go Back« (Frauen gehen nicht zurück) sind nur einige der Botschaften, die in den sozialen Medien verbreitet wurden, um zum Ausdruck zu bringen, dass jeder Prozess, bei dem Frauen außer Acht gelassen werden, nicht nur inakzeptabel, sondern auch zum Scheitern verurteilt ist.

Der Nationale Konsens für den Frieden, der Konsultationen mit 15.000 Frauen in 34 Provinzen umfasste, spiegelte die vereinten Forderungen und Perspektiven der Frauen zu zentralen Themen wie einem sofortigen Waffenstillstand, dem Erhalt der Verfassung und Verhandlungen mit den Taliban unter staatlicher Führung und mit Beteiligung der gesamten afghanischen Bevölkerung wider. Diese Forderungen wurden am 20. November 2020 auf dem *Afghanistan Mechanism for Inclusive Peace*-Friedensgipfel führender afghanischer Frauen bekräftigt. Es wurde betont, dass »Frieden nicht nur die Abwesenheit von Krieg ist. Frieden bedeutet Freiheit von jeglicher Form von Gewalt und Zwang, Achtung der Menschenwürde, Gerechtigkeit, Menschenrechte und Gleichheit für Frauen und allen Bürgerinnen und Bürgern. Er bedeutet auch wirtschaftliche und soziale Entwicklung und die Fähigkeit, in Harmonie zu leben«.

Doch während einige wenige Maßnahmen ergriffen wurden, um diesen Aufruf zu unterstützen, stießen sie bei anderen auf taube Ohren.

Obwohl sich die Taliban zu einem Verhaltenskodex zum Schutz der Zivilbevölkerung verpflichteten, verübten sie weiterhin und zeitgleich Angriffe in dicht besiedelten Gebieten und nahmen dabei keine Rücksicht auf das Leben von Zivilisten. Sie begannen auch, Aktivistinnen, Akteure der Zivilgesellschaft, Journalisten und Religionsgelehrte ins Visier zu nehmen. Die zivilen Opfer, insbesondere unter Frauen und Kindern, stieg am stärksten an, gefolgt von der Zahl der Binnenvertriebenen und Asylsuchenden. Der UNAMA-Bericht – *United Nations*

Assistance Mission in Afghanistan: »Afghanistan Protection of Civilians in Armed Conflict Midyear Update« aus dem Jahr 2021 dokumentiert 5.183 zivile Opfer, was einem Anstieg von 47 Prozent gegenüber dem gleichen Zeitraum im Jahr 2020 entspricht. Unter den zivilen Opfern waren 32 Prozent Kinder und 14 Prozent Frauen. UNAMA berichtete, dass in der ersten Hälfte des Jahres 2021 mehr Frauen und Kinder getötet und verletzt wurden als jemals zuvor.

Im Jahr 2014 stellten Afghanen nach Syrern die größte Migrantenpopulation, und unter ihnen machten junge, alleinstehende Frauen einen erheblichen Teil derjenigen aus, die diese gefährliche Reise allein antraten – ein Faktor, der in früheren Migrationszyklen nicht zu beobachten gewesen war.

In Afghanistan gingen die Meinungen unter den verschiedenen Akteuren, einschließlich der Frauen, auseinander, wie sich ein Frieden entwickeln sollte, aber es gab doch einen klaren Konsens über die Grundzüge einer »dauerhaften« Friedensregelung und bezüglich der Notwendigkeit, die lokale Bevölkerung miteinzubeziehen. Es starb jedoch jede Aussicht auf einen »afghanischen« Friedensprozess, als die Taliban das Land militärisch übernahmen. Zwar drängten alle Parteien, einschließlich der Taliban, auf eine politische Lösung zur Beendigung des Konflikts, am Ende aber wurde ein militärischer Ansatz die ultimative Lösung.

Obwohl die Afghanen in den letzten Jahren an Hoffnung verloren, blieben sie dennoch hoffnungsvoll hinsichtlich ihrer Demokratie. Die Mobilisierung von Frauengruppen und Vertretern der Zivilgesellschaft, die in diesen Jahren zu gewesen beobachten war, war ein Beweis dafür. Ich wiederhole, was ich vor der UN-Generalversammlung im September 2019 sagte, »dass ein dauerhafter Frieden nur zu erreichen ist, indem wir lokale Gemeinschaften und insbesondere Frauen und die Zivilgesellschaft in den Mittelpunkt der Bemühungen um Konfliktlösung und Friedenskonsolidierung stellen«. Um dies zu erreichen, müssen wir uns, wenn wir Afghanistan Frieden bringen wollen, an diese Werte halten – und uns verpflichten, Fehler nicht zu wiederholen.

Razia Barakzai

Razia Barak Heydari oder Razia Barakzai, geboren 1995, studierte Politikwissenschaften in Herat und Kabul. Sie hat einen Masterabschluss und arbeitete als Universitätsprofessorin, bevor sie in verschiedenen Ämtern im Präsidialamt angestellt war. Sie ist Initiatorin der Frauenproteste in Afghanistan und hält sich derzeit an einem unbekannten Ort auf, nachdem sie von den Taliban unmissverständlich mit dem Tod bedroht wurde.

Mein Name ist Razia Barak Heydari, aber ich bin auch als Razia Barakzai bekannt, und ich wurde in der Provinz Farah geboren, einer von 34 Provinzen Afghanistans, im südwestlichen Teil des Landes, in der Nähe zu Iran. Ich bin 26 Jahre alt und das einzige Kind meiner Eltern. Mein Vater war während seiner langen Dienstjahre im Bereich der Verteidigung als Kommandeur der Sicherheitskräfte in Afghanistan tätig. Er ist jetzt im Ruhestand, meine Mutter ist Hausfrau.

Ich habe einen Bachelor in Politikwissenschaften der Universität Herat und einen Masterabschluss der Universität Kabul. Schon während meiner Studienzeit gehörte ich immer zu den aktiven Mädchen – und wann immer ich mich zu Wort meldete, tat ich dies im Namen der Gerechtigkeit. Wie Tausende afghanischer Frauen wollte auch ich arbeiten, auf eigenen Füßen stehen und meinem Heimatland und meinem Volk dienen.

In letzter Zeit hat mich zusätzlich motiviert, aktiv zu sein, dass ich Berichte hörte und Bücher über unsere jüngste Geschichte las und wusste, dass mit dem Erstarken der Taliban die Rechte der Frauen abgeschafft werden und wir wieder dort stehen würden, wo wir vor zwanzig Jahren schon einmal verzweifelt gestanden haben.

Eine Zeitlang war ich als Universitätsprofessorin in Kabul tätig. Außerdem arbeitete ich für die Wahlkommission und war dreieinhalb Jahre lang in verschiedenen Abteilungen eingesetzt, unter anderem im Präsidialamt, das fünf meiner Projekte genehmigte und umsetzte – darunter der Bau von Nationalen Friedensparks in den Provinzen Herat und Nengarhar und die Möglichkeit, Beschwerden und Petitionen online einzureichen. Als ich zu arbeiten begann, bat ich meine Eltern aufgrund der instabilen Sicherheitslage, zu Hause zu bleiben. Auf diese Weise wurde ich die Ernährerin der Familie.

Bis zum Fall von Kabul im August 2021 lag mein Verantwortungsbereich beim Präsidialamt bei eingereichten Petitionen und Beschwerden aus dem Bereich der Wirtschaft. Mein letzter Tag im Präsidialamt war ebenjener Sonntag, der 15. August 2021. Im Laufe dieses Tages wurden wir aufgefordert, den Palast zu verlassen. Ich sah Menschen in größter Not, die um ihr Leben rannten. Die Taliban drangen noch am selben Tag in den Präsidentenpalast in Kabul ein. Als ich sicher zu Hause war, kam es mir vor wie ein Déjà-vu – die Rückkehr der Taliban war wie eine Wiederholung dessen, was vor über 20 Jahren schon einmal geschehen war.

Was war also zu tun? Nach Gesprächen mit jungen Frauen, die ebenfalls aus der Provinz Farah kommen, waren wir uns einig, dass wir nicht länger schweigen, sondern unsere Stimme erheben mussten, wollten wir unsere Ziele erreichen. Schweigen ist das Akzeptieren von Macht und das Kapitulieren gegenüber dieser Macht. So beschlossen wir, uns auf zwei Aufgaben zu konzentrieren:

Zum einen wollten wir Protest zeigen, demonstrieren und DIE Stimme der afghanischen Frauen werden.

Wir wussten, dass die internationale Beobachtung den Taliban sehr wichtig war. Daher dachten wir, wir könnten dem Prozess der Entrechtung von Frauen zumindest entgegenwirken oder ihn sogar ganz aufhalten. Wir hatten nicht vergessen, dass in der ersten Phase der Taliban (1996–2001) der extremistische Talib Maulvi Qalamuddin als stellvertretender Minister »für die Förderung von Tugenden und

Verhinderung von Lastern« Vorschriften erlassen hatte, die das Leben von Frauen zur Hölle machten und die nun genauso wieder aktiviert werden würden: darunter das Verbot, Schuhe mit höheren Absätzen zu tragen, denn Frauen sollen beim Gehen keine Geräusche machen; das Verbot, in einem Auto vorne zu sitzen, oder das Verbot einer Untersuchung einer Frau ohne Hijab durch einen männlichen Arzt, was bedeutet, dass man keine Untersuchung durchführen kann.

Unser Plan war, die Taliban in Kabul mit Frauen zu konfrontieren, die für die Unverletzlichkeit ihrer Rechte kämpften.

Sie sollten sehen, dass diese Frauen keine Angst hatten, dass sie nicht mehr die afghanischen Frauen von vor 20 Jahren waren. Ich bin überzeugt davon, dass es ein Recht auf Arbeit gibt, und ich bin in meinem Fall ganz allein dafür verantwortlich, meine Familie durch meine Arbeit zu unterstützen.

Über die sozialen Medien hatten wir uns an ein Netzwerk afghanischer Frauen gewandt, aber leider weigerten sie sich, uns zu unterstützen. Viele der Frauen in den Netzwerken hatten ihre Profilbilder gelöscht und sie durch falsche Profilnamen ersetzt. Dieser Vorfall hat mich sehr erschüttert. Warum haben wir so viel Angst?

Obwohl auch wir verängstigt waren, versuchte ich, fast jede einzelne Frau aus diesem Netzwerk zu kontaktieren, erhielt jedoch von fast allen eine negative Antwort. Ich war aber der festen Überzeugung, dass wir jetzt handeln und kämpfen mussten – und so gelang es mir, fünf von ihnen zu überzeugen. Nachdem wir uns von unseren Familien verabschiedet hatten, die nichts von der Sache wussten, hatten wir keine große Hoffnung auf eine Rückkehr. Wir wussten nicht, was auf uns zukommen würde.

Am 16. August 2021 machte ich mich mit zwei Frauen auf den Weg und entschied mich für eine Demonstration auf dem Sanbaq-Platz, auf einer Kreuzung vor dem Präsidentenpalast. In der Hand hielten wir ein

Papierblatt, auf dem in Dari, Pashto und Englisch zu lesen war: »There are Afghan women« (Es gibt afghanische Frauen). Als wir uns dem Tor des Präsidentenpalastes näherten, bemerkten uns die Wachen und eilten mit ihren Waffen herbei. Sie zerrissen unsere Papiere, ohne zu verstehen, was darauf stand. Sie konnten vermutlich noch nicht einmal lesen. Da ich Ersatzblätter in meiner Tasche hatte, verteilte ich diese.

Natürlich hatten wir Angst. Wir zitterten von Kopf bis Fuß, als ein gepanzertes Fahrzeug, das auf uns zukam und jemand fragte, was wir wollten. Sie sagten uns, wir sollten nach Hause gehen. Da sich alles in der Öffentlichkeit abspielte, wurden wir mit Mobiltelefonen von allen Seiten gefilmt, was uns vielleicht gerettet hat, denn die Wachen fürchten die sozialen Medien. Ich hatte mehr Angst um das Leben meiner Freundinnen als um mein eigenes, da diese Aktion von mir geplant gewesen war. Doch weitere Demonstrationen folgten, und es gelang uns, mehr und mehr Frauen zu aktivieren. Am 4. September 2021 marschierten bereits über 50 Frauen zum Präsidentenpalast.

Die Proteste wurden von vielen afghanischen Familien abgelehnt. Außerdem durften zwei der Mädchen, die mit uns unterwegs gewesen waren, nicht nach Hause zurückkehren, weil in ihrer Nachbarschaft Taliban lebten und die Familien sich nun bedroht fühlten. Die mangelnde Unterstützung für Frauen und Mädchen ist ein ernstes Problem in unserer Gesellschaft. Auch aus diesem Grund trugen wir bei unserem ersten Protest alle sehr korrekte islamische Kleidung. Wir fürchteten ebenso sehr die Reaktion der afghanischen Gesellschaft, also der Menschen um uns herum. In Afghanistan werden dieselben Töchter, die in der ganzen Welt für ihren Mut gelobt werden, nicht selten von ihren eigenen Familien verstoßen. Wir hatten Angst, durch die Hand unserer eigenen Leute zu sterben und eine weitere ›Farkhunda‹ zu werden – Farkhunda Malikzada, die als 27-jährige Studentin im März 2015 in Kabul von einem Mob wütender Männer zusammengeschlagen und brutal ermordet wurde. Sie filmten mit ihren Handys das grausame Geschehen und verbreiteten die Bilder in den sozialen Medien. Man hatte Farkhunda fälschlicherweise vorgeworfen, sie habe in

Schweigen ist das Akzeptieren von Macht und das Kapitulieren gegenüber dieser Macht ... Wir wollten die Taliban in Kabul mit Frauen konfrontieren, die für die Unverletzlichkeit ihrer Rechte kämpften. Sie sollten sehen, dass diese Frauen keine Angst hatten, dass sie nicht mehr die afghanischen Frauen von vor 20 Jahren waren.

der Moschee ein Exemplar des Koran verbrannt, nachdem sie sich mit einem Mullah gestritten hatte.

Nachdem wir unsere Botschaft vor dem Präsidentenpalast zum Ausdruck gebracht hatten, zogen wir in das Shahre Now Viertel, direkt im Zentrum der Stadt. Der nächste Schritt bestand darin, die Angst in der Gesellschaft zu brechen. Viele Menschen lobten zwar unseren Mut und unseren Stolz, aber niemand erhob aus Angst seine Stimme für uns. Auf unseren Kundgebungen mussten wir Beleidigungen der Taliban und anderer Männern ertragen: »Sie wollen sich wichtig machen, weil sie in eines dieser Flugzeuge steigen wollen«, schrie einer, und ein anderer rief: »Sie sind schamlos.« Auf der anderen Seite wurde bereits später an diesem Tag unser Hashtag #there_are_afghan_women in den sozialen Medien verbreitet, und es war für mich unglaublich zu sehen, wie all die Frauen, die sich ursprünglich aus Angst geweigert hatten, sich uns anzuschließen, nun mit dabei waren. Außerdem hatten sie nun keine Angst mehr, ihre Fotos online zu stellen. Schließlich wurden verschiedene JournalistInnen auf unsere Stimmen aufmerksam, da die Videos in den sozialen Medien hochgeladen worden waren.

Unsere Proteste hatten also sehr stark begonnen. In nur wenigen Tagen war die Angst in der Gesellschaft gebrochen, und im ganzen Land herrschte Aufruhr. Es wurde beschlossen, weitere Gruppen mit Frauen, z. B. auf WhatsApp, zu bilden. Innerhalb von zwei oder drei Stunden hatten wir über 300 Mitglieder. Leider gelang es den Taliban sehr schnell, unsere Gruppen zu infiltrieren. Einige unserer Nachrichten wurden als Screenshots an den Geheimdienst der Taliban weitergeleitet. Das bedeutete, dass Spioninnen in unsere Gruppen eingedrungen sein mussten. Als ich eine an mich gerichtete Nachricht erhielt, in der stand, dass wir Ungläubige und Abtrünnige seien, die nach der Scharia bestraft werden sollten, antwortete ich: »Welches Verbrechen, welche Sünde haben wir begangen?« Als Antwort erhielt ich einen Screenshot unserer WhatsApp-Gruppe. Die Aktivistinnen in unserer Gruppe erhielten ebenfalls Drohungen. Eine Frau wurde an einen unbekannten Ort gebracht.

Auch wir mussten nun ständig unsere Aufenthaltsorte wechseln und verbrachten Tage und Nächte an verschiedenen Plätzen. Auch ich erhielt ständig SMS von den Taliban, geschickt von verschiedenen, sogar pakistanischen Nummern, in denen mir mit dem Tod gedroht wurde. Von meinen Freundinnen erfuhr ich, dass in meiner Geburtsstadt zwei Wochen zuvor zwei Frauen, beide Lehrerinnen, getötet worden waren, weil die Taliban dachten, eine von ihnen sei ich. Ich bin mir sicher, dass es so war, weil die Mörder zum einen unbekannt blieben, kurz nach diesem Vorfall aber die Nachricht von meinem Tod in den Medien verbreitet wurde.

Nachdem ich eine direkt an mich gerichtete Nachricht vom stellvertretenden Geheimdienstchef der Taliban aus der Provinz Farah erhalten hatte, in der es hieß: »Sie werden mit einer harten Reaktion rechnen müssen«, beschloss ich, Afghanistan zu verlassen. Ich reiste heimlich nach Mashhad in Iran, versteckte meine Papiere am Körper und trug stundenlang eine Burka. Aber auch hier war ich nicht davor sicher, von Taliban-Spionen verfolgt zu werden. Jetzt bin ich erneut umgezogen und lebe in einer anderen Stadt.

Auf unsere Proteste wurde mit Gewalt reagiert und die Demonstrantinnen wurden mit Gewehrkolben, Pfefferspray, Tränengas, Elektroschocks und Peitschen gequält und bedroht. Wir haben daher beschlossen, unsere Aktionen in größeren Abständen durchzuführen. Wir sind nun dabei, diese Bewegung durch Pressekonferenzen, Artikel, Videoclips und Online-Kundgebungen strategisch voranzutreiben. Unsere Gruppen sind mittlerweile groß und unsere ursprüngliche Zahl von fünf Personen ist auf über 600 angewachsen.

Wir haben zivile Aktivistinnen aus der ganzen Welt, und unser Ziel ist es, die Welt mit uns selbst zu vereinen. Zugleich bereiten wir auch weiter Demonstrationen vor, so ist der 10. Oktober 2021 als Tag der Frauensolidarität gegen die Taliban ausgerufen worden – und wir hoffen, dass es eine weltweite Beteiligung geben wird. Wenn die afghanischen Frauen überall in Afghanistan oder auch in der Welt ihre Stimme erheben, ist dies ein Zeichen unserer Einheit und Solidarität.

Hila Limar

Hila Limar wurde 1986 in Afghanistan geboren und floh 1990 mit ihren Eltern und Geschwistern nach Hamburg. Sie ist Architektin und Vorstandsvorsitzende des gemeinnützigen Vereins *Visions for Children* mit Sitz in Hamburg, der sich für die Verbesserung der Lernbedingungen und Bildungsqualität an Schulen in Krisen- und Kriegsgebieten einsetzt.

ا ب پ ≈ ABC – selbst diese einfachen Buchstaben können 70,2 Prozent der Frauen in Afghanistan nicht lesen. Afghanistan ist das Land, in dem die größten geschlechterspezifischen Unterschiede im Zugang zu Bildung bestehen. Der über nunmehr vier Jahrzehnte anhaltende Krieg hat immense Folgen für das Bildungswesen. Es ist nicht nur ein struktureller Mangel im Bildungswesen durch fehlende Schulen und Lehrpersonal – es ist auch die Angst vor Anschlägen, Entführungen oder sexuellen und gewalttätigen Übergriffen auf dem Schulweg, die dazu führen, dass Mädchen seltener die Schule besuchen. Hinzu kommen in ländlichen Teilen Afghanistans tonangebende traditionelle Normen, die der schulischen Bildung von Mädchen keine Bedeutung beimessen. Der Einsatz der Töchter wird primär im Haushalt, bei der Kinderbetreuung oder der Feldarbeit benötigt – oftmals wird daher der schulischen Bildung kein Nutzen beigemessen, zumal die ökonomischen Voraussetzungen fehlen, den Töchtern langfristig einen Schulbesuch zu ermöglichen. Die ökonomische Situation der Familien im Zusammenspiel mit den patriarchalen Stammesstrukturen bedingen die Heirat von Mädchen im zum Teil schon kindlichen Alter. All dies befördert die Ungleichheit in Bezug auf Bildung, sodass sie auch weiterhin bestehen bleibt.

Was bedeutet es, wenn 2,2 Millionen Mädchen – dies entspricht 60 Prozent aller Kinder im Grundschulalter – nicht die Schule besuchen können? Fakt ist, dass ihnen ein Menschenrecht verwehrt bleibt, das ihre Fähigkeiten fördern und ihnen die Chance auf ein selbstbestimmtes Leben bieten würde. Jedes zusätzliche Schuljahr, das Mädchen absolvieren, verringert die Wahrscheinlichkeit einer Frühehe. Eine Heirat schon im Kindesalter ist für Mädchen fatal: Sie zwingt sie dazu, ihren Bildungsweg rapide abzubrechen, und bürdet ihnen gleichzeitig oft schon in sehr jungem Alter eine Schwangerschaft auf, für die ihr Körper noch gar nicht bereit ist. Dies führt häufig zu körperlichen Belastungen und seelischen Traumata, die manche Mädchen niemals überwinden. Zudem beschneidet eine Kinderheirat ihre Möglichkeiten, einer Erwerbstätigkeit nachzugehen – welche für Frauen an sich schon aufgrund der katastrophalen Sicherheitslage und der männerdominierten Gesellschaft erschwert ist. Das ist umso gravierender, da sich der Verdienst einer Frau durch jedes zusätzliche Schuljahr, das sie als Mädchen absolviert hat, global um bis zu 20 Prozent erhöht. In Ländern wie Afghanistan bewirkt daher manchmal schon ein einfacher Grundschulabschluss eine Verringerung von Armut. Gebildete Mädchen prägen folglich die Gesellschaft als Ganzes entscheidend mit.

Was wäre gewesen, wenn meine Eltern nicht aus Afghanistan nach Deutschland geflohen wären?

Dann hätte auch ich eines dieser afghanischen Mädchen sein können. Meine Schullaufbahn hätte gewiss 1996 in der vierten Klasse mit dem Einmarsch der Taliban geendet. Mit der Machtübernahme wurden Mädchen und Frauen aus dem öffentlichen Leben und damit auch aus dem Bildungswesen ausgeschlossen.

Als Kriegsopfer in Deutschland hatten wir zwar mit neuen Herausforderungen zu kämpfen, aber zumindest waren unsere Grundbedürfnisse und unsere Menschenrechte gesichert, vorrangig unser Recht und unser Zugang zu Bildung. Diesen Zugang zu Bildung habe ich mit den Jahren immer mehr zu schätzen gelernt und begreife ihn heute als Privileg. So hat mir mein Abitur beispielsweise nicht nur Perspektiven für meinen beruflichen Werdegang eröffnet, sondern auch das Fundament geebnet für meinen selbstbewussten, emanzipierten und kritischen Umgang mit der Welt, der Gesellschaft und auch den Ungleichheiten in ihr. Jedes einzelne Schuljahr und mein darauffolgendes Studium formten maßgeblich mein politisches Engagement, mein Verständnis für Gerechtigkeit und auch meine mentale und körperliche Gesundheit.

Während meines Architekturstudiums lernte ich die Gründer von *Visions for Children* kennen. Damals bestand der Verein noch aus einem kleinen Freundeskreis, der eine Schule in Kabul unterstützte. Von Anfang an widmete er sich der Bildungsförderung von Kindern in Afghanistan. Ich trat ihm ebenfalls bei, getrieben von der intrinsischen

Motivation, Mädchen und Jungen einen fairen und gleichberechtigen Zugang zum Lernen zu ermöglichen.

Zugleich wuchs dabei auch mein Wunsch, Afghanistan selbst zu besuchen, den auch bereits die Erzählungen meiner Familie, vor allem meiner Eltern, in mir geweckt hatten. Die wenigen Fotos, die meine Eltern bei ihrer Flucht retten konnten, und die vielen Geschichten, durch die sie ihre Erinnerungen an die Heimat bis heute bewahren, klingen heute noch in mir nach. Als Kinder versuchten wir, die Schauplätze in unserer Fantasie zu rekonstruieren, während in den Erzählungen unserer Eltern ihre nostalgischen, auch traurigen und teilweise grausamen Erinnerungen und Gefühle mitschwangen. Sie sagten immer wieder: »Afghanistan hat die schönste Landschaft und die imposantesten Berge der Welt. In Afghanistan fühlen wir uns verstanden und aufgehoben.« Und nun wollte ich endlich dieses Land selbst erleben.

In den vergangenen 20 Jahren ist in Afghanistan durchschnittlich alle fünf Stunden ein Kind gestorben. Damit gehört das Land zu den gefährlichsten der Welt. Diese Gefahr hat mich aber mehr motiviert als abgeschreckt, das Land selbst zu bereisen und zu handeln. Mich trieb aber die Sorge, dass ich Afghanistan möglicherweise nicht so erleben würde, wie es meine Eltern beschrieben hatten. Die Sorge, dass ich die vielen positiven Gefühle und Erinnerungen meiner Eltern nicht nachempfinden und mich stattdessen fremd und nicht zugehörig fühlen würde.

Als ich dann aber zum ersten Mal über Afghanistan flog, überwältigten mich die unglaublichen Berge des Hindukusch. Schneebedeckt und leuchtend weiß, grün, braun: Alle paar Minuten bot die Landschaft ein neues Schauspiel. Ich verspürte eine innere Ruhe, und die Skepsis gegenüber den Schilderungen meiner Eltern verflog mit jeder Minute am Himmel über den Bergen Afghanistans. Beim Landeanflug auf Kabul kamen mir die Tränen, und noch bevor ich einen Fuß auf die Erde gesetzt hatte, fühlte ich mich bereits tief mit der Stadt, dem Land und den Menschen verbunden.

»Bildung stärkt nicht nur die Zukunftsaussichten von Mädchen und jungen Frauen, sondern auch ihr Selbstbewusstsein. Es macht richtig Freude, das zu sehen.«

Ein wichtiger Bestandteil der Reisen nach Afghanistan ist der persönliche Kontakt zu der Zielgruppe von *Visions for Children*: zu der Schulleitung, der Schülerschaft, den Lehrenden und den Eltern der Schüler*innen. Daher ist es mir wichtig, mir Zeit zu nehmen für den persönlichen Austausch. Diese Gespräche in kleineren Gruppen oder unter vier Augen helfen einem dabei, das alltägliche Leben vor Ort und die damit verbundenen Herausforderungen und Bedürfnisse besser zu verstehen. Dabei fällt mir immer wieder auf, wie zurückhaltend die Mädchen auf meine Fragen reagieren, auch wenn diese gar nicht persönlich oder fachlich bezogen sind, sondern lediglich den Bedarf der Schule betreffen. Dazu eine kleine Anekdote von meiner allerersten Reise ins Land: In der Kalay Fatullah, einer Schule mitten in Kabul, mangelt es an Klassenräumen. Der Unterricht findet teilweise in einem ruinenartigen Gebäude statt, teilweise in einem sanierungsbedürftigen Nachbargebäude und sogar im Freien. Ich betrete zum ersten Mal das Schulgelände und sehe noch keine Schüler*innen, aber der Lärmpegel ist hoch. Ich frage naiv: »Ist schon Pause?« Der Schulleiter antwortet: »Nein, wieso?« Als wir um die Ecke biegen und ich das komplette Gelände im Blick habe, wird mir klar, weshalb es so laut ist. Was ich da höre, sind die Stimmen der vielen hundert Schüler*innen, die bei 35 Grad draußen auf dem Boden sitzend unterrichtet werden.

Um die Situation besser zu verstehen, stelle ich den Kindern meistens immer die gleichen Fragen: »Habt ihr in der Nachbarschaft weitere Schulen?« – »Ja.« – »Sitzen die Kinder dort auch im Freien im Unterricht?« – »Nein.« – »Fehlt euch an eurer Schule etwas?« – »Nein.« Mit der Frage, wie es ihnen geht und ob es ihnen an etwas fehlt, sind die meisten Kinder überfordert. Sie kennen nichts anderes als den Krieg, sie und ihre Familien kämpfen jeden Tag ums Überleben, und dass sie zur Schule gehen dürfen, vielleicht als einziges von vielen Kindern in ihrer Familie, ist für sie ein großes Privileg. Forderungen an den Unterricht oder die schulische Infrastruktur zu stellen, käme ihnen niemals in den Sinn. Doch nach einer Weile tauen sie auf und verraten mir, was sie sich wünschen: neue Klassenräume, eine neue Bibliothek oder Sanitäranlagen.

Mädchen, die zur Schule gehen, sind selbstbewusster und stolz darauf, lernen zu können. Sie sind besonders fleißig. Diese Beobachtung habe ich bisher bei jeder Projektreise und an allen unseren Schulen gemacht. Die Mädchen in Afghanistan wachsen völlig anders auf als etwa Mädchen in Deutschland. Sie haben viel mehr Verpflichtungen, sie tragen bereits Verantwortung für ihre Geschwister, für den Haushalt, für die Feldarbeit, für die finanzielle Situation der Familie. Sie erzählten mir, dass sie zur Schule gehen, weil sie für sich lernen und dadurch etwas für sich selbst tun können. Ich treffe die Mädchen bei der Einweihung des neuen Gebäudes und dann noch ein zweites Mal, Monate später. Sie haben sich verändert, sind aufgeblüht, motivierter und selbstsicherer in ihren Wünschen und Zielen. Umgekehrt stellen nun auch die Schülerinnen mir Fragen, die mich zum Nachdenken anregen:

Samira (11. **Klasse**): *Bist du mit deinem Ehemann hier?*
Hila: *Ich bin nicht verheiratet.*
Samira: *Wie alt bist du?*
Hila: *32.*
Samira (*schaut erstaunt*): *Okay. Und deine Eltern erlauben dir, allein zu reisen?*
Hila: *Sie sind sehr besorgt, weil sie in den Nachrichten von den vielen Anschlägen hören, und daher wollen sie nicht, dass ich nach Afghanistan reise. Ganz egal, ob nun allein oder in Begleitung. Aber ich glaube, es ist wichtig, dass ich hier bin, dass ihr mich kennenlernt und ich euch, damit wir gemeinsam die Dinge verändern können.*
Samira: *Sag deinen Eltern, sie brauchen sich keine Sorgen zu machen. Du setzt dich hier für uns und andere Mädchen und Jungen ein und unsere Gebete werden dich immer schützen.*

Das Gespräch endet und ich gehe aus dem Klassenzimmer. Diese Art von Fragen wurden mir bisher noch nicht gestellt, und ich bin unsicher, ob meine Ehrlichkeit angebracht war oder einen negativen Eindruck hinterlassen hat. Die Reaktion der Mädchen in der Klasse war beunruhigend. Auf dem Schulflur treffe ich eine Lehrerin und erzähle ihr von dem Gespräch. Ich sage ihr, dass ich glaube, teilweise auf Unverständnis gestoßen zu sein, und dass es mir sehr leidtäte, wenn die Schule nun Ärger bekäme, weil die Kinder zu Hause ihren Eltern erzählten, dass »yak dukhtar as alman amada, tanha, be shawhar, be madar ya padar, wa mekhoya ke komak kuna« (ein Mädchen aus Deutschland ist hier, allein, ohne Ehemann und Eltern, und sie will uns unterstützen). Ich höre schon die Worte der Eltern: »Eine solche Person wollen wir nicht, ihre Hilfe brauchen wir nicht.« Ich bitte nochmals um Entschuldigung und hoffe, dass die Zusammenarbeit dadurch nicht gefährdet wird.

Bei einem weiteren Besuch einige Tage später erklärte mir die Lehrerin, es sei richtig gewesen, ehrlich zu sein. »Die Schülerinnen haben bisher keine afghanische Frau wie dich kennengelernt und einigen hat es eine neue Perspektive aufgezeigt: dass sie nach dem Abitur nicht sofort heiraten müssen, sondern stattdessen auch studieren und so ihren Bildungsweg fortsetzen können.«

Nachricht einer Kollegin* aus Afghanistan, September 2021

Es fühlte sich an wie ein Donnerschlag in einer kalten Winternacht ... All die Jahre harter Arbeit und des Studiums fühlen sich jetzt wie eine Verschwendung an. ... Der Tag, an dem mir gesagt wurde, ich solle nicht mehr zur Arbeit gehen, war der Tag, an dem ich meine Hoffnung und meinen Glauben verlor. ... Man sagt mir ständig, dass es besser werden wird, aber wir alle wissen, dass es ab diesem Zeitpunkt nicht mehr besser werden wird, es wird nur noch schlimmer und unsere Tage voller strahlendem Sonnenschein sind vorüber. Die älteren Mädchen können nicht mehr zur Schule gehen und das Leben leben, das sie leben sollten ... es bricht mir das Herz, unsere Jugend so zu sehen. Manchmal werde ich neidisch, wenn ich auf andere Länder blicke und all die Möglichkeiten sehe, die sie ihrer Jugend geben, um zu wachsen und aufzublühen, und wie wir sie hier langsam töten, indem wir ihnen die Möglichkeiten nehmen. Wir haben unser Land im Stich gelassen, die ganze Welt hat unser geliebtes Afghanistan im Stich gelassen – und sie hat zugesehen, wie es verbrannt wurde. Mein geliebtes Afghanistan, ich hoffe, dich wieder aufblühen zu sehen wie ein Phönix aus der Asche.

*Name wird aus Sicherheitsgründen nicht genannt.

Wer in irgendeiner Weise mit Afghanistan zu tun hat, blickte mit großer Anspannung auf den 11. September 2021. Bis zu diesem geschichtsträchtigen Datum, hatte US-Präsident Biden im April 2021 angekündigt, wolle die USA alle Truppen aus Afghanistan abziehen. Die Frage nach dem »Danach« ließen sowohl er als auch die restliche internationale Staatengemeinschaft unbeantwortet. Es liegt wohl in unserer menschlichen Natur, dass wir bis zur letzten Sekunde gehofft hatten, dass sich dieser Tag nicht ereignen wird. Stattdessen erlebte Afghanistan dieses »gefürchtete« Datum bereits Mitte August. Eine Stadt nach der anderen fiel in die Hände der Taliban, zuletzt die Hauptstadt Kabul – die Übernahme Afghanistans durch die Taliban wurde wahr.

Während der letzten 15 Jahre haben wir uns mit *Visions for Children* für ein sicheres Afghanistan eingesetzt. Für die Freiheit der Frauen und Mädchen. Dabei haben wir sieben Schulen gebaut und insgesamt etwa 15.000 Kinder erreicht. All das droht nun zu zerbrechen. Der Schock, die Wut und die Machtlosigkeit erschweren das Bewegen, das Atmen und das Sein. Wir trauern. In welcher Stufe der Trauer wir uns jetzt wohl befinden: Verleugnung, Wut, Verhandeln, Depression oder Akzeptanz? Wir müssen handeln. Wir müssen weitermachen – denn wir tragen Verantwortung für unsere Kolleg*innen, unsere Familienangehörigen, unsere Freund*innen und selbstverständlich auch für die Schüler*innen und ihre Familien. All jene nämlich, die sich noch in Afghanistan befinden. Wie geht es den Kolleg*innen? Wie geht es mit den Projekten weiter? Was können wir jetzt von hier aus tun? Wie gehen wir mit den Taliban um? Fragen, für deren Beantwortung es noch zu früh ist, die aber schnellstmöglich beantwortet werden müssen. Klar ist aber, dass wir in Afghanistan bleiben.

Es gilt nun, die bereits erzielten Erfolge zu sichern und Bildung als fundamentales Menschenrecht und elementares Werkzeug zur Friedenssicherung und Geschlechtergleichstellung zu stärken. Seit 2001 hat sich die Einschulungsrate in Afghanistan laut UNESCO fast verzehnfacht, die Anzahl der Schulen ist von 3.400 auf 16.400 gestiegen. 90 Prozent der Mädchen und 94 Prozent der Jungen, die eine weiterführende Schule besuchen, schaffen den Abschluss der Sekundarstufe I. Ihre Erfolge wirken sich nie ausschließlich auf sie selbst aus, sondern auch auf ihre Geschwister, Eltern, Freunde und direkte Nachbarn. Doch immer noch besuchen im landesweiten Durchschnitt 45 Prozent der Kinder (3,7 Millionen) keine Schule. Das betrifft ganz besonders Mädchen. Und etwa 41 Prozent der Schulen fehlen Gebäude, sodass der Unterricht im Freien stattfinden muss. Zudem herrscht weiterhin ein Mangel an Lehrkräften, besonders an Lehrerinnen. In der Hälfte aller Provinzen des Landes sind weniger als 20 Prozent der Lehrer*innen weiblich. Dies stellt eine Hürde für Mädchen dar, deren Familien nicht erlauben, dass sie von männlichem Lehrpersonal unterrichtet werden. Zudem bleiben gerade Bildungseinrichtungen weiterhin gefährliche Orte. Zum einen aufgrund der genannten unsicheren Schulwege, zum anderen haben sich die Angriffe auf Schulen zwischen 2017 und 2018 verdreifacht und Ende 2018 wurden mehr als 1.000 Schulen aufgrund von Konflikten geschlossen.

Zahlreiche Beispiele zeigen, dass geringe Bildungsgrade und ungleiche Bildungschancen Gesellschaften anfälliger für Konflikte machen und gleichzeitig Konflikte die Infrastruktur und den Zugang zu nachhaltiger und förderlicher Schulbildung verhindern. Ein Zusammenhang, der sich gegenseitig bedingt. Wenn vielen jungen Menschen der Zugang zu Bildung verwehrt wird, führt dies zu Armut und Arbeitslosigkeit, und dadurch erhöht sich die Wahrscheinlichkeit, dass die Betroffenen sich bewaffneten Milizen anschließen. In dieser Situation braucht es ein starkes Bildungswesen. Ein Metareview des Bundesministeriums für wirtschaftliche Zusammenarbeit und Entwicklung (BMZ) verdeutlicht den Effekt von kleinen NGOs in der Entwicklungszusammenarbeit.

Der Bericht stellt deutlich heraus, dass der Ansatz der internationalen Gemeinschaft zur Entwicklungszusammenarbeit trotz großangelegter Projekte in Afghanistan die Wünsche, Bedürfnisse, Möglichkeiten und Kapazitäten der Zivilgesellschaft nicht ausreichend beachtet hat. Am besten funktionierten die Grassroot-Projekte bzw. basisdemokratische und zivile Initiativen, die eng mit oder aus der lokalen Gesellschaft heraus arbeiten und organisieren und ihre Bedürfnisse und Handlungsräume berücksichtigen und dadurch die Grundlage für eine nachhaltige Entwicklungszusammenarbeit ebnen. Diese Beobachtungen bestätigen unsere Erfahrungen in der Zusammenarbeit und zeigen, dass wir bereits auf dem richtigen Weg waren. Doch der überhastete Abzug der Soldaten, ohne einen Notfallplan für die Zivilgesellschaft zu entwickeln, die gescheiterte Evakuierung und die Tatsache, dass die Finanzierung von Bildungsprojekten eingestellt wurde, haben in den letzten Wochen allmählich die Position der Bundesregierung verdeutlicht. Hier besteht scheinbar kein Interesse mehr an einer nachhaltigen und langanhaltenden Zusammenarbeit mit der afghanischen Zivilbevölkerung.

Die Entscheidungen der Bundesregierung habe ich lange Zeit für mich behalten und sie nicht mit unseren Kolleg*innen in Afghanistan geteilt. Zu groß war die Angst vor ihren Reaktionen. Sie fühlten sich bereits nach der gescheiterten Evakuierung verraten und nun wird ihnen das Vertrauen in ihre Arbeit entzogen. Dass diese Entscheidung politisch und nicht persönlich begründet ist, interessiert in dem Augenblick nicht. Die offiziellen und fast schon automatisierten »Antworten« der Ministerien vermitteln den Standpunkt der deutschen Diplomatie: »Wir denken darüber nach, wir haben es zur Kenntnis genommen.«

Dabei reicht nur nachdenken nicht, wir müssen handeln in der aktuellen und absoluten Notlage. Wir müssen u.a. unsere Bildungsarbeit vor Ort aktiv fortsetzen und unsere Bildungsziele auch unter diesen katastrophalen Umständen im Blick behalten. Bildung ist nicht verhandelbar. Bildung ist ein grundlegendes Menschenrecht. Und es liegt in unserer Verantwortung, hier und jetzt ein Zeichen zu setzen: Wir lassen euch nicht allein, wir setzen unsere Arbeit fort.

Fawzia Koofi

Fawzia Koofi wurde 1975 in der nordöstlichen afghanischen Provinz Badachschan geboren, studierte Rechts- und Politikwissenschaft sowie Betriebswirtschaftslehre. Sie war Mitglied des Afghanischen Parlaments und Vorsitzende des Ausschusses für Frauen und Menschenrechte sowie seit 2005 die erste Vizepräsidentin der Nationalversammlung. Damit sie Hamid Karzai als Herausforderin bei den Präsidentschaftswahlen 2014 nicht gefährlich werden konnte, wurde das Alter für eine Präsidentschaftskandidatur auf 40 Jahre hochgesetzt. Sie ist Vorsitzende der Partei *Movement Of Chance For Afghanistan* (MOCAP) und war eine der vier Frauen (zusammen mit Fatima Gailani, Habiba Sarabi und Sharifa Zurmati) bei den Friedensverhandlungen mit den Taliban 2020 in Doha.

Sind Sie jetzt – nach der Machtübernahme durch die Taliban – noch in Afghanistan?

Derzeit befinde ich mich in Doha, Katar, da ich aus Afghanistan fliehen musste, um meine Familie und mich zu schützen. Ich habe mein ganzes Leben in Afghanistan verbracht. Lediglich im letzten Jahr bin ich zwischen Afghanistan und Doha hin- und hergependelt, da sich dort der Verhandlungsort mit den Taliban befand. Ansonsten sind mein Leben, meine Familie, mein Haus, meine politische Tätigkeit, in Afghanistan.

Ich habe eigentlich nie in Erwägung gezogen, das Land zu verlassen. In all den Jahren und bei allem, was in Afghanistan passiert ist, also bei jedem Regimewechsel, hat sich mein Leben und das von Millionen anderen Afghanen völlig verändert – wir haben unsere Häuser, unsere Möglichkeiten der Ausbildung und unsere Arbeit verloren, einfach alles. Aber ich habe nie daran gedacht wegzugehen, weil ich immer daran geglaubt habe, dass wir von innen heraus etwas verändern könnten. Wir müssen uns innerhalb des Systems verändern. Aufgrund der vielen Unwägbarkeiten und der fehlenden Sicherheit haben jedoch viele talentierte und gut ausgebildete Afghanen das Land verlassen – das war nie mein Plan und ich hoffe, zurückkehren zu können.

Mit welchen Herausforderungen wurden Sie als Parlamentarierin konfrontiert?

Eine berufstätige Frau zu sein ist in keinem Teil der Welt einfach, sei es als Politikerin oder in einem anderen Beruf. In einem Land wie Afghanistan hatten wir mit der extremen Auslegung des Islam während des Taliban-Regimes zu kämpfen, in dem zudem während des Bürgerkriegs die gesamte Verwaltung zusammengebrochen war. Dennoch gab es nach 2001 eine Chance für Frauen. Nach der Verfassung konnten nun auch Frauen für das Parlament kandidieren.

Da mein Vater ebenfalls ein angesehenes Parlamentsmitglied gewesen war (er starb während der sowjetischen Intervention), stimmten die Menschen für mich. Das machte mich glücklich, aber eine noch größere Aufgabe sah ich darin, aus eigener Kraft für und mit den Frauen zu kämpfen. Also beschloss ich 2005, als stellvertretende Sprecherin des Abgeordnetenhauses zu kandidieren, um die Stimme der afghanischen Frauen zu vertreten, die bisher nicht gehört worden waren. In der ersten Runde der Kandidatur sprachen die Leute darüber, wie ich mich kleidete, mit wem ich sprach, wie meine Schals aussahen oder ob ich Lippenstift trug. Als die Menschen jedoch mein Potenzial und meine Beharrlichkeit erkannten, hörten sie auf, sich auf mein Aussehen zu konzentrieren. Am Ende wurde ich zur Vizepräsidentin des Parlaments gewählt. Die nächste Herausforderung bestand für mich darin, Gesetze zu verabschieden, um Frauen zu schützen. Ich habe für eine stärkere Beteiligung von Frauen am Friedensprozess gekämpft, denn als ich das erste Mal in Doha mit den Taliban zusammentraf, war ich schockiert, damals die einzige Frau am Tisch zu sein. Am Ende waren drei weitere Frauen an den Friedensverhandlungen beteiligt.

Welche Themen wurden während dieses Prozesses besprochen?

Es gab viele Themen – von Menschenrechten zu islamischen Rechten von Frauen, aber es war schwierig, mit den Taliban zu verhandeln, da sie sehr entschieden an ihren Überzeugungen festhielten. Zum Beispiel ging es auch um die Frage, wie wir unser kulturelles Erbe, wie die Stätten der (zerstörten) Buddhas in Bamiyan und andere kulturelle Orte im Land, erhalten könnten. Sie erklärten, alles, was im Widerspruch zum Islam stehe, zu zerstören.

In den letzten 20 Jahren gab es mehrere Anschläge auf Sie. Wie sind Sie mit dieser Belastung und Herausforderung umgegangen?

Sicherlich ist das eine große Belastung, aber ich betrachte sie nicht als meine persönliche Herausforderung, denn nicht nur ich wurde angegriffen, sondern zahlreiche Menschen im Land wurden attackiert und getötet. Das Land hat viele seiner Intellektuellen und seiner Talente verloren. Wir alle haben geliebte Menschen zu betrauern. Ich habe meinen Vater, meine Brüder, meinen Mann in diesem Krieg verloren. Ich möchte anderen Menschen diese Verluste ersparen. Ich will politische Lösungen. Ich will Wahlen statt Waffen.

Es gab einen Anschlag im Jahr 2010, der für mich besonders schwer zu verarbeiten war. Ich war zu einer Feier des Internationalen Frauentags in Nangarhar gut 200 Kilometer östlich von Kabul eingeladen. Als ich am nächsten Tag zurückfuhr, befanden wir uns auf einer sehr steinigen Straße, als die erste Kugel abgefeuert wurde. Der Widerhall in den Bergen war so stark, dass wir einen Moment brauchten, um zu verstehen, woher die Kugeln kamen. Meine Töchter und meine Schwestern waren ebenfalls mit im Auto. Die Kugeln waren für uns bestimmt. Meine Schwester drückte meinen Kopf unter den Sitz, um mich zu schützen. Wir setzen zurück und unsere Leute begannen zurückzuschießen. Als wir so schnell fuhren, dass der Fahrer fast die Kontrolle über das Fahrzeug verlor, setzte ich mich auf und sprach mit ihm, um ihn zu beruhigen. Ich wollte nicht bei einem Autounfall sterben. Nach etwa 40 Minuten erreichten wir einen kleinen Tunnel und warteten dort. Schließlich wurde ich nach Kabul evakuiert. Dieser Anschlag war besonders schwierig für mich, da ich nicht nur um meine eigene Sicherheit besorgt war, sondern auch um das Leben aller anderen, die mit im Auto saßen. Leider ist die Sorge um das eigene Leben und das der Angehörigen für die afghanische Gemeinschaft nichts Ungewöhnliches. Fast alle, die sich in einer exponierten Position befanden, wurden und sind bedroht.

Was ist Ihrer Meinung nach der beste Weg, um mit dem Taliban-Regime zu verhandeln?
Ich glaube, dass es einige Punkte gibt, bei denen sie offener für Veränderungen sind. Leider könnte es aber dieses Mal noch schwieriger werden, da die Taliban nun bereits an der Macht sind und kein politischer Druck von der internationalen Gemeinschaft mehr ausgeübt werden kann. Obwohl die Taliban nicht bereit sind, über eine Änderung ihrer Grundwerte zu diskutieren, zu denen die islamischen Rechte der Frauen und die Zerstörung von allem, was nicht islamisch ist, gehören, ist es wichtig, Verhandlungen zu führen.

Was wird mit der sogenannten Generation Freiheit geschehen?
Es ist erschütternd zu sehen, dass diejenigen, die aus dem Land geflohen sind, diejenigen sind, in die das Land am meisten investiert hat, um sie zu dem zu machen, was sie sind, wie zum Beispiel

Vier Frauen nahmen 2020 in Doha, Katar, an den Friedensverhandlungen mit den Taliban teil: v. l. n. r. Fawzia Koofi, Sharifa Zurmati, Fatima Gailani und Habiba Sarabi.

FacharbeiterInnen, JournalistInnen, KünstlerInnen, SchauspielerInnen und andere. Das Land wird Jahrzehnte brauchen, um diese Talente und die Intellektuellen zurückzuholen. Diejenigen, die noch in Afghanistan sind, haben meines Erachtens eine Wahl. Entweder sie bleiben unter den repressiven Maßnahmen und akzeptieren, dass viele Jahre der Entbehrung vor ihnen liegen werden – oder sie bewegen sich vorwärts. Um voranzukommen muss man sicherlich kämpfen und Opfer bringen. Die Menschen müssen bereit sein, das auf sich zu nehmen, und ich bin sicher, dass sie das tun werden.

Welche Ziele haben Sie?

Ich hoffe, dass ich in fünf Jahren oder früher erleben werde, dass eine Frau das Volk und die Nation in einer Führungsposition vertritt. Mein Ziel ist es, Frauen mehr Möglichkeiten zu bieten, ihre Fähigkeiten und ihr Wissen einzubringen, um andere zu führen und für ihre Rechte zu kämpfen. Ich werde jedenfalls weiterhin versuchen, die Nation aufzuklären und zu stärken – und die Frauen zu ermutigen, für ihre Rechte einzutreten.

Ich hoffe, dass ich in fünf Jahren oder früher erleben werde, dass eine Frau das Volk und die Nation in einer Führungsposition vertritt. Mein Ziel ist es, Frauen mehr Möglichkeiten zu bieten, ihre Fähigkeiten und ihr Wissen einzubringen, um andere zu führen und für ihre Rechte zu kämpfen.

Roya Sadat

Roya Sadat wurde 1983 in Herat geboren und zählt heute zu den profiliertesten Filmemacherinnen Afghanistans. Bereits während der Schulzeit begann sie, Theaterstücke zu schreiben. Ihr erstes Drehbuch entstand während der Taliban-Ära (1996–2001), als sie und ihre fünf Schwestern nicht mehr zur Schule gehen durften und von ihrer Mutter unterrichtet wurden. 2003 realisierte sie ihren ersten Film »Se noghta« (Drei Punkte), der mit zahlreichen Preisen ausgezeichnet wurde, und gründete im gleichen Jahr das Roya Film House, die erste von Frauen gegründete Filmproduktionsfirma Afghanistans. In ihren Dokumentationen und Spielfilmen (2017: »Namai ba rahis gomhor«, Ein Brief an den Präsidenten) stellt sie afghanische Frauen in den Mittelpunkt. Sie ist Mitbegründerin und Vizepräsidentin des International Women's Film Festival von Afghanistan. 2018 erhielt sie den *International Women of Courage Award*.

In Ihren Filmen erzählen Sie Geschichten afghanischer Frauen, was macht afghanische Frauen Ihrer Meinung nach aus?
Afghanische Frauen, sei es im Bereich Kunst, Kultur, Politik oder auf anderen Gebieten, haben mehr als andere Frauen auf der Welt für ihre Rechte gekämpft, weil es so viele Hindernisse und verschlungene Wege gab und gibt. Speziell Kunst ist in Afghanistan noch immer ein gesellschaftliches Tabu und häufig ein für Frauen inakzeptables Beschäftigungsfeld. Frauen versuchen jedoch immer, mit ihrem Wissen, ihrer Erfahrung und ihrer Durchsetzung in der Gesellschaft voranzukommen. Afghanische Frauen sollten aufgrund ihrer beharrlichen Fähigkeiten und ihrer Talente beurteilt werden. Meiner Meinung nach ist die Denkweise eines jeden Menschen wichtiger als sein Geschlecht und seine Herkunft – und das ist für mich auch filmisch ein zentrales Thema.

Wie sind Sie Filmemacherin geworden?
Die Erzählungen meiner Mutter und die mythologischen Geschichten, die ich als Kind hörte, haben mein Interesse an Literatur geweckt, als Teenager das Schreiben von Theaterstücken gefördert und mich in meinem Unterbewusstsein zum Geschichtenerzählen geführt. Im Laufe meines Lebens, in dem ich mit Ungerechtigkeit und Ungleichheit konfrontiert war, habe ich mehr und mehr erkannt, dass das Kino und das Filmemachen mir eine Stimme gab. Filme zu machen ist mein Leben und es ist der Geburtsort des Denkens für mich.

Mein Vater war ein anerkannter Mann, der sich wie viele Männer wünschte, als erstes Kind einen Jungen zu bekommen. Er dachte, seine Fähigkeiten, sein Eifer und sein Talent würden sich nur in einem Jungen widerspiegeln können. Dieser Irrtum war leider auch in meiner eigenen Familie präsent. Meine Schwestern und ich versuchten darum, doppelt so gut wie Jungen zu sein. Heute arbeiten alle meine Schwestern in verschiedenen Bereichen der Kunst und Kultur. Als mein Vater dann unsere Talente und Fähigkeiten sah, schaffte er es, diese anzuerkennen, und er half und unterstützte uns fortan in allen Lebensbereichen.

Welche Intention verfolgen Sie in Ihren Filmen, oder was möchten Sie mit ihnen erreichen?

Zuallererst hat sich meiner Meinung nach die Welt an die Tragödien Afghanistans gewöhnt – und ich möchte, dass Afghanistan nicht immer als wiederkehrende Tragödie und als Opfer betrachtet wird. In unserer Arbeit dreht sich alles um Frauen. Frauen sind die Protagonisten. Wir veranstalteten auch Workshops, um Frauen mit der Technik des Filmemachens vertraut zu machen. Auf dem *International Women's Film Festival von Afghanistan*, das es seit 2013 gibt, haben wir deutlich gemacht, dass es unser Hauptanliegen ist, die Geschichten von Frauen in den Mittelpunkt zu stellen. Unser Bestreben war und ist es, Frauen in unserer Gesellschaft als Individuen zu zeigen, deren Arbeit und Intelligenz gebraucht werden, statt Frauen weiterhin nur als Symbol für geschlechtsspezifische Diskriminierung zu zeigen. Durch die Filme und unsere damit in Zusammenhang stehende Arbeit hat sich die Sicht der Afghanen auf die Filmindustrie verändert. Während in den Anfangsjahren noch kaum jemand bereit war, seine Töchter beim Film arbeiten zu lassen, haben in den letzten Jahren viele ihren Töchtern mit Begeisterung erlaubt, zum Film zu gehen. Unsere Arbeit hat das Vertrauen der Menschen in diesen Bereich gestärkt. In diesem Jahr wollten wir das Festival zum siebten Mal veranstalten.

Inwiefern spiegeln Ihre weiblichen Charaktere Sie selbst?

Ich glaube, dass die Charaktere in meinen Filmen durch verschiedene Bewusstseinsprozesse beeinflusst wurden. Die Figuren aus meinen ersten Filmen, später dann in den Fernsehserien und meinen nachfolgenden Werken haben unterschiedliche Phasen der Entwicklung durchlaufen, so ist zum Beispiel die Protagonistin des Films »Drei Punkte« (2003) noch eine stille Heldin, im Film »Ein Brief an den Präsidenten« (2017) hingegen ist die Hauptfigur rebellisch. Und natürlich hat jeder Film seine eigene Erzählstruktur und Wirkung.

Seit 2003 haben Sie sich auf vielfältige Weise für die afghanische Filmindustrie eingesetzt. Was wünschen Sie sich für die Zukunft des afghanischen Films und für sich selbst?

Leider wurde das Thema Kunst und Kultur auf Regierungsebene in Afghanistan nie ernst genommen. Unsere wiederholten Bemühungen beim Ministerium für Information und Kultur wurden aufgrund fehlender finanzieller Mittel immer wieder abgelehnt. Die Informations- und Kulturminister waren in den letzten 20 Jahren mehr an gesellschaftlichen Beziehungen interessiert, Kunst hingegen war nicht ihr Anliegen. Die Regierung hat die Filmindustrie also nicht unterstützt und der Mangel an Sicherheit hat internationale Produzenten daran gehindert, in Afghanistan zu investieren. Aus diesem Grund war es für Filmproduktionsfirmen sehr schwer zu überleben.

Trotz des politischen und sozialen Drucks, den wir zu verschiedenen Zeiten erlebt haben, haben wir versucht, wirkungsvolle Ergebnisse für die Gesellschaft zu erzielen. Wir müssen weiterhin Geschichten erzählen. Film, Kino ist illustrierte Geschichte. Mein Wunsch ist es, dass wir über die derzeitige Situation im Land erzählen können und nicht jede Arbeit zensiert werden darf, sodass niemand es mehr wagt, überhaupt zu produzieren. Ich hoffe, dass junge Filmemacherinnen versuchen werden, sich auf den internationalen Filmmärkten zu etablieren. Und was die Frauen im Filmsektor in Afghanistan anbelangt, so ist jeder einzelne Einsatz von ihnen in verschiedensten Bereichen des Films wertvoll. Wir haben den Frauenfilm durch unsere eigene Firma und mit Filmfestivals gefördert und unterstützt – und wir werden weiterhin Frauen fördern.

Wir haben in diesen 20 Jahren viele Opfer gebracht, wir haben hart gearbeitet, meine Generation hat die Gesellschaft von Grund auf mit aufgebaut – und nun wieder alles verloren. Es muss jedoch Hoffnung geben! Die Situation darf nicht so bleiben! Wir werden wieder einen Wandel erreichen und eine zivilisierte Gesellschaft, die nach Freiheit, Gerechtigkeit und Gleichheit strebt. Ich habe mein ganzes Leben der Kunst des Filmemachens und dem Kino gewidmet. Ich hoffe, bald nach Hause zurückkehren und meine Arbeit fortzusetzen zu können. Die Welt trägt uns gegenüber Verantwortung, doch es scheint, als habe sie nichts mehr zu sagen. Unsere eigene Hoffnung besteht im Moment darin, uns selbst zu motivieren und die Hoffnung nicht zu verlieren!

Hosna Jalil

Hosna Jalil, geboren 1992 in Ghazni im Südosten Afghanistans, hat Physik und Betriebswirtschaft studiert und wurde im Alter von 26 Jahren zur stellvertretenden Ministerin für Frauen von Afghanistan und zur stellvertretenden Innenministerin ernannt – als erste Frau in einer so hochrangigen Position im Bereich der Sicherheit; ihre Aufgabe war es u. a., die Beteiligung von Frauen bei der Polizei zu erhöhen. Zurzeit lebt sie in den USA, wo sie einen weiteren Studienabschluss in Internationaler Sicherheitspolitik anstrebt. Ihr Ziel ist es, nach Afghanistan zurückzukehren und das Land von innen heraus zu verändern.

Meine Mutter war Ärztin und mein Vater Bauingenieur, das sind sie immer noch, nur können sie zurzeit nicht arbeiten, weil sie sich versteckt halten müssen. Den größten Teil meiner Kindheit habe ich während des Taliban-Regimes verbracht, die ersten Jahre meiner Kindheit fielen in die Zeit des Bürgerkriegs. Als die Taliban im Dezember 2001 vertrieben wurden, war ich neuneinhalb Jahre alt. Danach begann die beste Zeit meines Lebens.

Ich habe mir meinen Nachnamen selbst ausgesucht. Es ist eigentlich der Vorname meines Vaters. Da ich diese Entscheidung selbst getroffen habe und sie mir ein Gefühl der Freiheit gibt, hat dieser Name für mich eine große Bedeutung. Wir Frauen in Afghanistan haben so viele Verpflichtungen, Zwänge und Erwartungen, die uns von anderen auferlegt werden. Deshalb gab mir diese Namenswahl ein Gefühl von Unabhängigkeit und Individualität, ohne dass ich mich von meiner Familie getrennt fühlen musste.

Meine berufliche Laufbahn begann in der freien Wirtschaft, ich habe erst später begonnen, für die Regierung zu arbeiten. Ich bin sehr froh darüber, dass ich die Chance hatte, verschiedene Möglichkeiten auszuprobieren. Alle diese Herausforderungen hatten eines gemeinsam: Ich musste aus meiner Komfortzone heraus und mich in einer neuen Umgebung zurechtfinden. Ich hatte immer schon das Ziel, unabhängig und selbstbestimmt zu leben. Es war mir wichtig, dass nicht nur ich, sondern auch jede andere Frau in Afghanistan die gleichen Chancen erhält, die jeder Mann in unserem Land selbstverständlich genießt. Um etwas zu bewegen, wollte ich gegen die Einschränkungen vorgehen, die Frauen in unserem Land erfahren, damit andere Frauen und künftige Generationen aufsteigen können, so hoch sie wollen. Ich habe davon geträumt, irgendwann einmal eine Position innezuhaben, in der ich für alle afghanischen Bürgerinnen und Bürger etwas bewirken kann, damit wir als Land einen Schritt nach vorn machen können. Ich wusste, dass mich bei einer solchen Aufgabe viel Kritik begleiten würde.

In der Politik zu sein, ist überall schwer. Jedes Land hat seine eigenen Herausforderungen. Afghanistan dürfte eines der wenigen Länder sein, in denen Attentate und persönliche Angriffe auf Menschen fast normal und zu erwarten sind. Eine weitere Herausforderung ist das Fehlen klarer Vorgaben, was die staatliche Einmischung in das Mikromanagement von NGOs und den privatwirtschaftlichen Sektor angeht – auch hier wollte und möchte ich Änderungen bewirken. Als Frau in der Politik ließ man mich spüren, dass ich nicht dazugehörte. Ich war sehr jung, als ich in der Politik anfing, was nur ein weiteres Klischee bediente, um nicht ernst genommen zu werden. Der Hauptgrund für die Ablehnung war jedoch allein die Tatsache, dass ich eine Frau war. Um mich selbst zu motivieren, nicht aufzugeben und die Ablehnung nicht an mich heranzulassen, habe ich mir immer wieder das große Ganze vor Augen geführt: dass Frauen wie ich mit jedem kleinen Erfolg einen Meilenstein setzen für nachfolgende Frauen, die es ihnen ermöglichen, sich in der Gesellschaft zu etablieren und gehört zu werden.

Der Eintritt in das Ministerium war die schwierigste Zeit meines Lebens und ich habe dafür einen hohen Preis bezahlt.

Zum ersten Mal wurden meine ethischen Grundsätze in den Medien infrage gestellt. Ich spreche hier nicht von der allgemeinen Öffentlichkeit, sondern von Personen, die mir bekannt sind. Sie sprachen schlecht über mich und behaupteten, die Stelle im Ministerium als Gegenleistung für sexuelle Gefälligkeiten erhalten zu haben. Dass es so etwas überhaupt gab, wusste ich bis zu diesem Zeitpunkt nicht einmal. Das bedeutete natürlich, dass diese Menschen auch nicht glaubten, ich sei für diese Stelle qualifiziert. Ich wurde lediglich als Sexualobjekt betrachtet – und dies ist bei Frauen auf der ganzen Welt oft der Fall. Traurigkeit und Wut überkamen mich, denn ich konnte mir nicht erklären, warum ich all die Gerüchte und das schlechte Gerede verdient hatte. War meine Familie bislang schon skeptisch gewesen, was meine Berufswahl anbelangte, wurden ihre Befürchtungen nun auch noch bestätigt. Der ganze Druck setzte mir so zu, dass ich aus gesundheitlichen

Gründen aufgrund von Stress wochenlang im Krankenhaus bleiben musste. Aber ich wollte nicht, dass sich das auf meine Leistungen auswirkte, deshalb beschloss ich, die Sache nach einigen Wochen Krankschreibung hinter mir zu lassen und weiterzumachen.

Während dieser Zeit habe ich sehr gelitten, denn es war das erste Mal in meinem Leben, dass ich keine Unterstützung durch meine Familie erfuhr. Sie hatten mich unter der Taliban-Herrschaft in meiner Ausbildung gefördert – und ich war mir sicher, dass sie mich nun auch bei meiner beruflichen Laufbahn unterstützen würden, aber das taten sie nicht. Sie hatten mich immer wieder gewarnt und befürchtet, dass es mir schwer fallen würde, in diesem Umfeld akzeptiert und respektiert zu werden. Und sie hatten recht. Ich stand vor der großen Herausforderung zu beweisen, dass ich mehr war als nur ein ›Gegenstand‹, dass ich nicht dazu verdammt war, Männern zu dienen und ihre Kinder zu gebären, wie es die Mentalität der meisten konservativen Männer in Afghanistan noch immer vorsieht. Bei jedem Vorfall, seien es Explosionen, die Ermordung von Journalisten oder sogar Kindesmissbrauch, wurden Bilder von mir ins Internet gestellt, um mich für diese Ereignisse verantwortlich zu machen. Meine Mutter, eine angesehene Gynäkologin, war immer stolz auf ihren Beruf gewesen, da sie durch ihre Arbeit einen wichtigen Beitrag für die Gesellschaft leistete. Durch die Angriffe auf mich und meine Familie fühlte sie sich jedoch respektlos behandelt und gedemütigt. Das brach ihr das Herz. Ich konnte all die Demütigungen und persönlichen Angriffe ertragen, aber der Schmerz meiner Familie war fast unerträglich. Meine Eltern sind immer noch in Kabul und wir suchen nach Möglichkeiten, sie herauszuholen. Sie wechseln ständig ihren Aufenthaltsort. Meine Familie ist nicht nur in Gefahr, weil sie gebildet ist, sondern auch aufgrund ihrer Tätigkeiten in verschiedenen Organisationen und ihrer Direktheit, mit der sie die Gewalt der Taliban kritisieren.

Durch meine Arbeit wollte ich Frauen stets ermutigen, nicht zu allem Ja zu sagen, ihren Willen durchzusetzen und mutig zu sein. Im Ministerium habe ich mit Menschen zusammengearbeitet, in denen ich Verbündete gefunden habe und die mir geholfen haben, mich einzubringen und so konnte ich einige meiner Ziele erreichen. Mit der jetzigen Situation hat sich alles dramatisch verändert. Die Taliban sind daran, alles zu zerstören, was wir aufgebaut haben. Aber die Ansichten der Afghanen im Land haben sich verändert. Es wird die Aufgabe der jüngeren Generation sein, zu reflektieren und zu verstehen, was die Spannungen verursacht. Die kommenden Monate oder vielleicht sogar Jahre, die uns bevorstehen, werden hart sein. Das Leben im Allgemeinen, vom Gang zum Gesundheitszentrum über die Rückkehr zu einem Arbeitsplatz bis hin zu einer geregelten Rechtsprechung, wird sehr schwierig werden. Dennoch glaube ich daran, dass es Möglichkeiten gibt, die Errungenschaften, die wir uns erarbeitet haben, zu bewahren, indem wir Plattformen für die Entscheidungsfindung schaffen. Neben den Taliban müssen wir eine Vielfalt an Stimmen zulassen, um ein Geben und Nehmen zu erreichen. Sollten Kompromisse mit den Taliban funktionieren, wird es Lichtblicke geben, die hoffentlich zu einer parteiübergreifenden Regierung führen werden.

Es gibt zwei Gründe, warum die Taliban bereit sein könnten, zuzuhören und Kompromisse einzugehen.

Einer der Gründe ist, dass sie die internationale Legitimität benötigen, um regieren zu können. Die Taliban waren früher eine aufständische Gruppe, die wir als terroristische Gruppe bezeichnet haben, weil sie sich wie eine terroristische Gruppe verhalten hat. Jetzt aber verhalten sie sich diplomatisch oder wollen zumindest den Anschein erwecken, diplomatisch zu sein, damit sie als legitime Regierung akzeptiert werden. Denn wenn Afghanistan kein rechtmäßiger Staat wäre, könnten die Entscheidungsträger der Welt schnell reagieren und nach Afghanistan zurückkehren. Nur durch die internationale Legitimität könnte man eine Einmischung durch andere, mächtige Länder vermeiden. Der zweite Grund ist, dass sie finanzielle Unterstützung benötigen. Ein

Land international zu legitimieren, ist nicht billig. Die Unterdrückung der eigenen Bürger hingegen ist billig, denn dann sorgt man sich und ernährt man nur sich selbst und kümmert sich nicht um die anderen. Afghanistan ist jedoch kein ruhiges Land. Wir waren in den letzten 20 Jahren eine laute Nation. Wir haben gelernt, wie wir uns Gehör verschaffen können. In einem Land, in dem fast 70 Prozent der Bevölkerung 24 Jahre oder jünger ist, möchte diese Generation Fortschritt. Um eine laute und junge Bevölkerung in Schach zu halten, braucht man viel Geld, das die Taliban nicht haben.

Ich habe noch keinen konkreten Plan entwickelt, wie es jetzt weitergehen soll, da mir die aktuellen Ereignisse in Afghanistan immer noch zusetzen und weil ich damit beschäftigt war, mich um die Menschen zu kümmern, die noch dort sind. Ich habe darüber nachgedacht, wie sehr es mich verletzen würde, wenn man mich eines Tages als Exil-Afghanin bezeichnen würde. Ich fühle mich stark mit meinem Land verbunden, egal, wo ich bin, und deshalb habe ich mir als Erstes zum Ziel gesetzt, mich zunächst auf mein Studium der Internationalen Sicherheitspolitik zu konzentrieren, damit ich eines Tages mit einem weiteren Masterabschluss zurückkehren und mein Land von meinen Fähigkeiten und meinem Wissen profitieren kann.

Selbst wenn ich die Möglichkeit hätte, eine Karriere außerhalb Afghanistans aufzubauen, würde ich meinem Land nicht den Rücken kehren. Selbst dann nicht, wenn – wie jetzt geschehen – unsere bunte Flagge durch die schwarzweiße Flagge der Taliban ersetzt wurde. Ich würde Teil des Wandels sein wollen, denn ich glaube fest an den Wandel von innen heraus – und ich werde immer versuchen, innerhalb dieses Systems Wege zu finden, um weiter für die Rechte der Frauen zu kämpfen.

Mina Sharif

Mina Sharif wurde in Kabul zur Zeit des ersten Afghanischen Krieges geboren. Ihre Familie floh und erhielt schließlich Asyl in Kanada. Anfang 2005 kehrte sie zurück, um dort u. a. als Ausbilderin im Hörfunk zu arbeiten. Sie rief verschiedene Medienkampagnen mit dem Schwerpunkt auf Lerninhalten für Kinder ins Leben, produzierte u. a. zwei Staffeln der afghanischen Version der »Sesamstraße« (»Baghch-e-Simsim«) und die Fernseh- und Radioserie »Voice of Afghan Youth«. Sie ist außerdem Mitbegründerin des Mentoring-Programms »Sisters 4 Sisters« für sozial benachteiligte Kinder in Afghanistan. Seit 2019 hält sie sich wieder in Kanada auf und beteiligt sich weiter an verschiedenen Hilfsaktionen für Afghanistan.

Zur Zeit der sowjetischen Invasion und des ersten Afghanischen Krieges arbeitete mein Vater als Nachrichtensprecher und meine Mutter unterrichtete Literatur. Viele Familien blieben in Afghanistan, und das war auch unser Plan, bis es plötzlich nur noch ums nackte Überleben ging. Meine Eltern flohen mit mir, ihrem einjährigen Kind, ohne die Möglichkeit, sich von ihren Geschwistern und Eltern zu verabschieden. So tragisch es auch gewesen sein muss, ihr Zuhause, ihren Beruf und ihr Land zu verlieren, das Schlimmste war, ohne Abschied zu gehen. Viele Jahre später erst, als meine Mutter am Flughafen schluchzend ihren Vater umarmte, verstand ich, dass die zerrissene menschliche Verbindung am schwersten zu ertragen gewesen war.

Die Flucht war ein traumatisches Erlebnis und dauerte einige Jahre, bis wir in Kanada Asyl beantragen konnten. Ich war vier Jahre alt war. Obwohl ich alles gemeinsam mit meinen Eltern erlebt hatte, war es für mich immer *ihre* Geschichte. Ich habe keine klaren Erinnerungen an das Leben in Afghanistan oder die Zeit der Flucht, aber es ist etwas in mir, was meinem Körper sagt, dass dies ein Trauma war. Am Ende wurde auch ich wieder ein afghanischer Flüchtling, diesmal als Erwachsene, und nun steht abermals die Frage im Raum, wie es sich anfühlt, plötzlich so viel zu verlieren.

In Kanada hatte ich als Kind engen Kontakt zu verschiedenen Verwandten, die sich in der Gegend um Toronto niedergelassen hatten. Dadurch war die afghanische Kultur für mich völlig normal. Ich erinnere mich, wie ich mich einmal als Siebenjährige darüber wunderte, dass es im Haus meiner Klassenkameradinnen keine tiefroten, bestickten Teppiche gab. Ich fand, dass es ohne Teppiche nicht richtig aussah. Unsere Wochenenden waren vom Familienleben geprägt, meine Eltern und ihre Geschwister sangen afghanische Lieder und spielten afghanische Instrumente, es gab das reichhaltige afghanische Essen. Das war für mich lange Zeit genug ›Identität‹.

Als ich 23 Jahre alt war, fand mich Afghanistan in Kanada wieder. Ich hörte von einer Möglichkeit, die – meist von Frauen geleiteten – Radiosender in fünf Provinzen Afghanistans zu unterstützen. Ich hatte

nicht damit gerechnet, dass mein Interesse am Radio mir jemals die
Möglichkeit geben würde, in meinem Geburtsland zu arbeiten, nicht
einmal daran gedacht, Afghanistan jemals wiederzusehen. Ich zö-
gerte zunächst, als man mir die Stelle anbot, weil mir sechs Monate zu
lang vorkamen, sagte dann doch zu. Und zur Überraschung aller saß
ich im Februar 2005 im Flugzeug nach Kabul. Am Ende blieb ich fast
15 Jahre lang dort.

Ich war verliebt, noch bevor das Flugzeug auf der Rollbahn aufsetzte,
und das spüre ich jetzt noch, wenn ich mich daran erinnere. Die Landung als Rückkehrer hat einen besonderen Zauber, den nur wenige verstehen können. Ich habe alles von der ersten Minute an geliebt, auch
das Chaos auf dem Flughafen mit den schreienden Menschen in Sprachen, die mir fremd waren. Aufgeregt, wie ich war, hatte ich Mühe, mich
in der Arbeit und im alltäglichen Leben zurechtzufinden. Ich wollte
so nützlich wie möglich sein, ich wollte gemocht werden. Ich konnte
nicht sagen, ob ich mehr Afghanin oder mehr Ausländerin war, und in
fast allen Fällen musste ich mich entscheiden oder es wurde für mich
entschieden. Es dauerte eine Weile, bis ich mich zurechtfand, und ich
lernte viel über die Trennung, die Afghanistan für mich als Heranwach-
sende so abstrakt gemacht hatte.

Ich erinnere mich an meine erste berufsbedingte Reise außerhalb von Kabul in die weniger als zwei Stunden entfernte Provinz Logar.

Wir, meine drei kanadischen Kollegen und ich, wurden auf einen Berg
geführt, von wo aus der Radiosender *Milli Paigham* sendete. Der Sende-
mast befand sich in beträchtlicher Höhe, um den besten Empfang zu
gewährleisten. Die Höhe machte uns Mühe und es war schwierig, den
verschneiten Berg hinaufzusteigen. Unser Begleiter, der uns den Weg
zeigte, wies uns an, genau seinen Fußspuren zu folgen, um nicht auf
Minen zu treten. Später trafen wir den Chef des Senders, einen dün-
nen Mann mit Bart und afghanischer Pakol-Mütze. Wir waren dort,

um uns vorzustellen und über die Ausrüstung zu sprechen, die sein Sender brauchen könnte. Stattdessen ›verhörte‹ mich der Chef der Station: Er wollte wissen, warum ich als afghanische Frau allein hier war. Er sah mich nicht an, wenn er mit mir sprach, und die drei Ausländer, mit denen ich zusammen war, ignorierte er völlig, sondern nickte nur in ihre Richtung, als er sie als »Kaffer« bezeichnete, was »Ungläubige« bedeutet. Das war sehr unangenehm für mich und ich war nicht in der Lage, das Thema wieder auf das Geschäftliche zu lenken – stattdessen beantwortete ich seine Fragen, indem ich sagte, mein Vater sei voll und ganz damit einverstanden, dass ich allein reise, und dass die Leute, mit denen ich unterwegs war, meine Kollegen seien. Meine Kollegen hielten dies für einen afghanischen Freundschaftsmoment und lächelten die ganze Zeit still vor sich hin. Als sie später fragten, was »Kaffer« bedeutete, sagte ich, es bedeute »Ausländer«. In späteren Jahren kannten alle meine ausländischen Kollegen die wahre Definition von Kaffer ebenso wie die afghanischen Rückkehrer.

Zwei Jahre später, im Jahr 2007, traf ich diesen Stationschef wieder. Zu dieser Zeit arbeitete ich in der Privatwirtschaft und wir bauten ein Netzwerk für die Radiosender in den Provinzen auf. Ich traf Frauen wie Zakia Zaki, die Leiterin des Senders in Jabul Saraj, die später ermordet wurde. Ich traf junge Leute, die 20 Jahre alt waren und Sender leiteten. Ich unterhielt mich gerne mit ihnen über ihre Herkunft. Die meisten dieser Sender-ManagerInnen luden mich und das Team ein, sie sobald wie möglich als ihre Gäste zu besuchen. Dann sah ich den Stationsleiter aus Logar, dünn und mit einem Pakol-Hut. Ich war so nervös und befürchtete, dass ich gleich wieder ausgeschimpft werden würde. Er sprach mit mir und nickte zu seinen eigenen Worten. Er sagte, ihr Radiosender habe gerade eine Jugendsendung gestartet, die sehr beliebt sei. Wir sollten eine Aufnahme davon an die anderen Sender verteilen, damit sie etwas Ähnliches umsetzen könnten. Kein direkter Blickkontakt, aber daran war ich inzwischen gewöhnt, weil ich wusste, dass die meisten Männer diesen bei Frauen vermeiden. Meine Nerven entspannten sich und ich konnte nicht widerstehen, ihm zu sagen, dass wir uns schon einmal getroffen hatten. »Ja, ich weiß. Sie waren bei der Radiostation«, sagte er nur. Und er erzählte mir, wie viel größer die Reichweite des Senders jetzt sei und dass unser Team kommen und es sich ansehen solle. Ich habe jahrelang über diese Geschichte nachgedacht. Manch einer mag denken, dieser Mann sei erleuchtet worden, er respektiere jetzt Frauen und habe seine Meinung geändert. Ich aber glaube, er war bei unserer ersten Begegnung eher vor den Kopf gestoßen als beleidigt, da er mit einer afghanischen Frau verhandeln musste. Und was, wenn er über meine bloße Anwesenheit als Frau entsetzt war? Das wäre auch in Ordnung gewesen. Denn zumindest bedeutete das 2007, dass das berufliche Umfeld seine persönlichen Gefühle in den Hintergrund gedrängt hatte und er sich mit mir auseinandersetzen musste, wenn er etwas für seinen Sender erreichen wollte.

Die vielen Möglichkeiten, die sich mehr und mehr für junge Afghanen und insbesondere für Frauen eröffnet hatten, und das Gefühl der Sicherheit führten dazu, dass jeder an den neuen Freiheiten teilhaben konnte. Ob es sich um Büroarbeit, Lobbyarbeit oder sogar um Familienausflüge handelte, um gemeinsam zu picknicken und die Natur zu genießen. Ich sah diese neue Freiheit in jeder Provinz, in die ich kam, in zunehmendem Maße. Ich höre manchmal, wie das, was ich gesehen hatte, als Erfahrung einiger weniger Privilegierter abgetan wurde – aber das ist nur eine leichtfertige Pauschalaussage. Es stimmt, dass die Gelder schlecht verteilt wurden und ein großer Teil davon – wenn nicht sogar der größte Teil – in die Taschen korrupter Leute floss und/oder an die Geber selbst zurückging. Der größte Fehler in den letzten 20 Jahren war meiner Meinung nach jedoch *nicht* das Versagen bei der Vergabe der Hilfsgelder. Es war vielmehr der enorme Vertrauensverlust und das damit einhergehende Gefühl, nicht mehr sicher genug zu sein, um wirklich an ein freies Leben – innerhalb der Grenzen von Religion, Familie, Stamm oder ethnischen Regeln – zu glauben.

Die Entwicklungen, die das Land gemacht hat, wurden keineswegs nur von wenigen Eliten in Kabul so empfunden. Afghanistan wurde zwar nie vollständig von den Taliban befreit und war daher nie völlig sicher, aber ein Großteil Afghanistans fühlte sich sicher genug, um Mädchen zur Schule gehen zu lassen und für Hilfsorganisationen oder deren Regierungen zu arbeiten. Die Behauptung, dass die massiven Veränderungen, die sich nach der ersten Taliban-Ära einstellten, nur von einigen wenigen wahrgenommen wurden, ist falsch. Die Annahme, dass ein kleines städtisches Zentrum westlich war, während in den Provinzen mehrheitlich Taliban-Anhänger lebten, ist falsch. Die düsteren Tage der Taliban wurden von niemandem, den ich getroffen habe, vermisst, auch nicht in den ländlichsten Gegenden. Die Provinzen erhielten keine angemessene Hilfe, oft sogar überhaupt keine Unterstützung. Das Land blieb konservativ, und die überwiegende Mehrheit bildeten konservative Muslime. Aber wo es Freiheit gab, gab es auch Islam und Musik; es gab Lachen und Kunst; konservative Familien und Picknicks; es gab eine Wertschätzung für afghanische Poesie und afghanische Kunst in allen Provinzen. Während der Dreharbeiten in der Provinz Ghor, einem abgelegenen Gebiet, das von Hilfe kaum erreicht wird, erhielt unser Team eine Führung durch einen Skulpturengarten. In einem Dorf, Stunden von jeder Stadt entfernt, luden mich die Frauen ein, mit ihnen zu den Liedern zu tanzen, die über ein Mobiltelefon gespielt wurden, das an einem Generator aufgeladen wurde. Kunst, Theater, Ausdruck, Musik, Lachen, bunte Kleidung und Bildung – all das ist afghanisch. Hätten die alliierten Streitkräfte die Taliban besiegt, hätte ganz Afghanistan meiner Meinung nach so ausgesehen. Tausende von Jahren reicher Geschichte haben den Lebensraum der meisten Menschen erobert, und die Unterstellung, dass in all diesen Herzen die Ideologie der Taliban lauerte, ist völlig unzutreffend.

Heute bin ich zurück in Kanada. Ich kam im Jahr 2019 mit der Absicht, sechs Wochen später nach Kabul zurückzukehren. Aus persönlichen Gründen musste ich diesen Flug verfallen lassen und länger bleiben. Ich habe das Flugticket noch immer in meinen E-Mails, und alle meine persönlichen Gegenstände lagern im Keller des Hauses eines Freundes in Kabul. Meine bestickten afghanischen Kleider, die Fotos, die ich an meinen Wänden aufgehängt hatte, und sogar einige meiner Festplatten mit Arbeiten warteten darauf, dass ich sie sortiere. Stattdessen sind meine Bücher, Wandteppiche und meine Edelsteinkette wahrscheinlich mittlerweile von einem Fußsoldaten geplündert oder zerstört worden, der es sicher auch auf mich und mein Leben abgesehen hätte.

Ich habe mich jetzt dazu entschlossen, meine Stimme zu erheben, und ich möchte meine Erfahrungen und Erkenntnisse teilen. Wie sollen die Menschen sonst wissen, für wen sie sich einsetzen sollen, wenn sie sich auf Schlagzeilen verlassen? Das heißt, dass ich mich in allen sozialen Medien lautstark zu Wort melde, um die vielen Widersprüche dieser unwillkommenen Besatzung (durch die Taliban) in meinem Land aufzuzeigen.

Die Frage, was nun mit meinem Volk geschieht, fühlt sich zentnerschwer in meiner Brust an.

Der Hunger, der Zusammenbruch der Wirtschaft, die Brutalität, die wir bereits erleben, gehören zu einer langen Liste von Problemen. Hinzu kommen Dürre und Krankheit, gezielte Tötungen. Völkermord. All dies ist entweder bereits geschehen oder es besteht die Gefahr, dass es geschieht, weil die Taliban in der Vergangenheit genau das getan haben und auf dem besten Weg sind, es wieder zu tun. Was mich quält und was in den Schlagzeilen nicht erwähnt wird, ist die Frage, was mit der Seele meines Volkes geschieht. Was wird aus den Frauen, mit denen ich getanzt habe? Was aus den Kindern, denen ich beigebracht habe, klassische afghanische Musikinstrumente zu spielen? Was wird aus den Frauen, die einst große Gruppen von Menschen gemanagt haben und nun auf die Enge ihres Hauses angewiesen sind, ohne Aussicht auf berufliche Beteiligung oder gar Erfolg? Und vor allem, was wird aus ihrem Vertrauen in die Welt?

Deshalb sollten wir nicht wiederholen, was schon einmal geschehen ist. Wir haben versucht, den Afghanen zu zeigen, wie sie leben sollen. Das war nicht notwendig. Wir – und ich gehörte in den ersten Jahren auch dazu –, dachten, wir müssten den Afghanen die Demokratie erklären und wie man in der Gesellschaft Frauen als Führungspersönlichkeiten etabliert. Das ist aber ein Denkfehler, dem wir durch unsere Außensicht gefolgt sind.

In der Geschichte Afghanistans gab es immer wieder Frauen in Führungspositionen. Die Afghanen hätten das Vertrauen gebraucht, dass ihr Umfeld sicher ist, nicht, sich vorschreiben zu lassen, wie sie zu leben haben. Und ihrem Umfeld können sie nur vertrauen, wenn es ihr eigenes ist. Eine afghanische Regierung muss vom afghanischen Volk gewählt werden. Die Welt muss den Unterschied zwischen Unterstützung und Einmischung begreifen. Unterstützung bedeutet finanzielle Hilfe, ja, denn in dieses Chaos sind wir ja nicht allein hineingeraten. Ohne Einmischung würde eine gewählte afghanische Regierung wahrscheinlich sehr viel konservativer sein, und das würde sich deutlich von dem unterscheiden, was jemand in Kanada gewohnt ist, aber wir müssen das Leben in Afghanistan nicht neu erfinden. Die Afghanen müssen selbst entscheiden, was das Beste für ihr Land ist. Und ich garantiere Ihnen, was unsere Geschichte bereits aufgezeigt hat, dass nämlich das, was das afghanische Volk will, nicht das ist, was jetzt geschieht. Die Afghanen wünschen sich nichts sehnlicher als ein friedliches, gesundes Leben inmitten ihrer eigenen wunderschönen Kultur. Dann werden sie, ähnlich wie die Radiosender-ManagerInnen, die ich in den Provinzen getroffen habe, lächeln und Sie alle als ihre Gäste willkommen heißen.

Fatimah Hossaini

Fatimah Hossaini ist eine in Teheran geborene afghanische Künstlerin, die als Fotografin, Kuratorin, Journalistin und Frauenrechtsaktivistin international gearbeitet hat und von 2018 bis Mitte August 2021 in Kabul lebte. Sie hat Wirtschaftsingenieurwesen und Fotografie in Teheran studiert und gründete 2019 die Organisation *Mastooraat*, die afghanischen KünstlerInnen eine Plattform bietet und sich für die Freiheit der Kunst einsetzt. Zentrales Thema ihrer künstlerischen Arbeiten ist Identität, Weiblichkeit und Schönheit in Afghanistan.

Wie ich Afghanistan, mein geliebtes Land, mit einem kleinen Koffer verließ.

Vor dem Fall Kabuls *Samstag, 14. August*
Ich trank einen Kaffee in einer Bar, ging zum Einkaufen auf einen Basar und traf mich mit ein paar Freunden, kurz bevor die Taliban am Samstag in Kabul einmarschierten.

Die Taliban hatten bereits mehr als 20 Provinzen eingenommen, aber in Kabul sah das Leben ganz normal aus, und als meine Eltern, die im Iran leben, mich anriefen, um zu erfahren, wann ich abreisen würde, sagte ich ihnen, sie sollten sich keine Sorgen machen.

Ich versuchte, meine Eltern davon zu überzeugen, dass in Kabul nichts passieren würde, weil ich mir nicht vorstellen konnte und nicht wusste, dass Kabul am nächsten Tag fallen würde.

In all den Gesprächen mit meinen Freunden drehte es sich darum, was passieren würde, wenn sie nach Kabul kämen, und jeder wollte ein Visum beantragen und Afghanistan für eine Weile verlassen. Aber niemand war wirklich bereit zu gehen.

Die Taliban sind da *Sonntag, 15. August*
Am Sonntagmorgen, dem 15. August, bevor die Taliban Kabul einnahmen, wollte ich einen PCR-Test machen lassen, da ich am Montagmorgen von Kabul nach Istanbul reisen wollte. Es war gegen 9:30 Uhr, als ich meine Wohnung verließ, um zu einer Klinik in der Innenstadt zu fahren.

Auf meinem Weg dorthin sagte mir der Taxifahrer, ich solle bitte nach Hause fahren. Auf den Straßen rannten die Menschen und schrien. Es war unfassbar.

»Die Taliban kommen, die Taliban sind da.«

Ich versuchte, mich zu Hause zu verstecken, und da ich allein lebe, rief ich meine Freundinnen an, um sie bei mir zu haben.

Wir drei Journalistinnen waren allein zu Hause, wir waren in Panik, geschockt. Wir aßen den ganzen Tag über nichts. Unsere Familien riefen uns ständig an, und wir verfolgten die Nachrichten, um zu sehen, was passierte. Es war herzzerreißend und schockierend.

Wir konnten sehen, dass sie Kabul Schritt für Schritt einnahmen.

Am Morgen waren sie auf der Straße, und in weniger als zehn Stunden saßen sie im Präsidentenpalast, sie holten unsere Flagge ein und drangen in die nationalen Fernseh- und Radiostudios ein. Ich hätte nie gedacht, dass ich eines Tages von meinem Balkon aus Taliban auf einem Motorrad mit ihren weißen Flaggen sehen würde.

Wir hingen alle an unseren Handys, telefonierten und schickten Nachrichten, und wir sahen, dass die Taliban und der Fall von Kabul in den Schlagzeilen aller Nachrichten waren. Nachdem wir einen Tweet von einem unserer Freunde gelesen hatten, dass die Taliban Hausdurchsuchungen gestartet hatten und nach Regierungsbeamten, Polizisten, NGOs und Journalisten suchten, beschlossen wir, die Wohnung zu verlassen.

Dieses Foto habe ich aufgenommen, als ich das letzte Mal auf meinem Balkon war.

Der Koffer *Montag, 16. August*

Es war am Montag, dem 16. August, gegen 19 Uhr, dass ich das letzte Mal in meinem Haus in Kabul stand, auf meinem Balkon, der für mich der beste Ort gewesen war, um mich nach der Arbeit zu entspannen und die Aussicht auf die Stadt Kabul zu genießen.

Ich ließ alles zurück, alle meine Sachen und Souvenirs, die ich in verschiedenen Ländern gesammelt hatte, und all meine Fotoabzüge, die für meine nächste Ausstellung nach New York gehen sollten.

Ich verließ mein Zuhause mit einem kleinen Koffer und einer Tasche für meine Kamera und meinen Laptop.

Wir drei Freundinnen gingen zum Haus einer anderen Freundin, die bei ihrer Familie lebt. Als wir uns sahen, haben wir geweint und geweint.

Löschung unserer Profile in den sozialen Medien *Mittwoch, 18. August*
Mittwoch, der 18. August, verging in Stress und Panik. Die Mutter meines Freundes versuchte Essen zu kochen, aber der Strom fiel aus, und alle versuchten, uns Hoffnung zu machen und unseren Stress abzubauen. Aber nichts funktionierte in diesem Moment.

Wir vier Journalistinnen versuchten, unsere Profilbilder zu löschen und unsere Social-Media-Konten zu deaktivieren.

Wir trugen einen Hijab und bedeckten unsere Körper vollständig und gingen in der Gegend spazieren. Wir taten das, aber es war so schwer, die Taliban vor uns zu sehen, wie sie mit ihren Waffen in der Hand und Raketen auf den Schultern durch Kabul liefen. Ich konnte nicht glauben, dass die Taliban, die uns 20 Jahre lang getötet hatten, die meine Freunde, meine Kollegen und meine Studenten an der Universität von Kabul umgebracht hatten, mitten in unserer Stadt waren, und wir nichts tun konnten. Wir kauften etwas zu essen und fuhren nach Hause.

Den Rest unseres Tages in Kabul verbrachten wir damit, Leute anzurufen und E-Mails zu schicken, um zu erfahren, wer uns aus Afghanistan evakuieren könnte. Ich bekam so viele Antworten, und es wurde noch stressiger, als wir sahen, dass alle versuchten, uns die Dringlichkeit einer Ausreise klarzumachen. Ich bekam so viele Nachrichten von allen, die mich kannten, und es war so traurig; meine Mutter rief mich alle 10 Minuten an und weinte und weinte.

Wir aßen und saßen ohne Strom zusammen, da nahm ich eine kleinere Tasche und wir beschlossen, zum Flughafen zu fahren. Ich hatte einige Briefe von der französischen Botschaft in Kabul bekommen, ich hatte einen Antrag auf ein US-Visum und ein Visum für die Türkei in meinem Pass, und ich dachte, all das könnte für die Evakuierung ausreichen. Mein Gehirn hatte aufgehört zu funktionieren, ich konnte nicht denken und nicht entscheiden, was wir tun sollten. Alle versprachen uns, dass sie uns Bescheid geben würden, aber nichts wurde bestätigt.

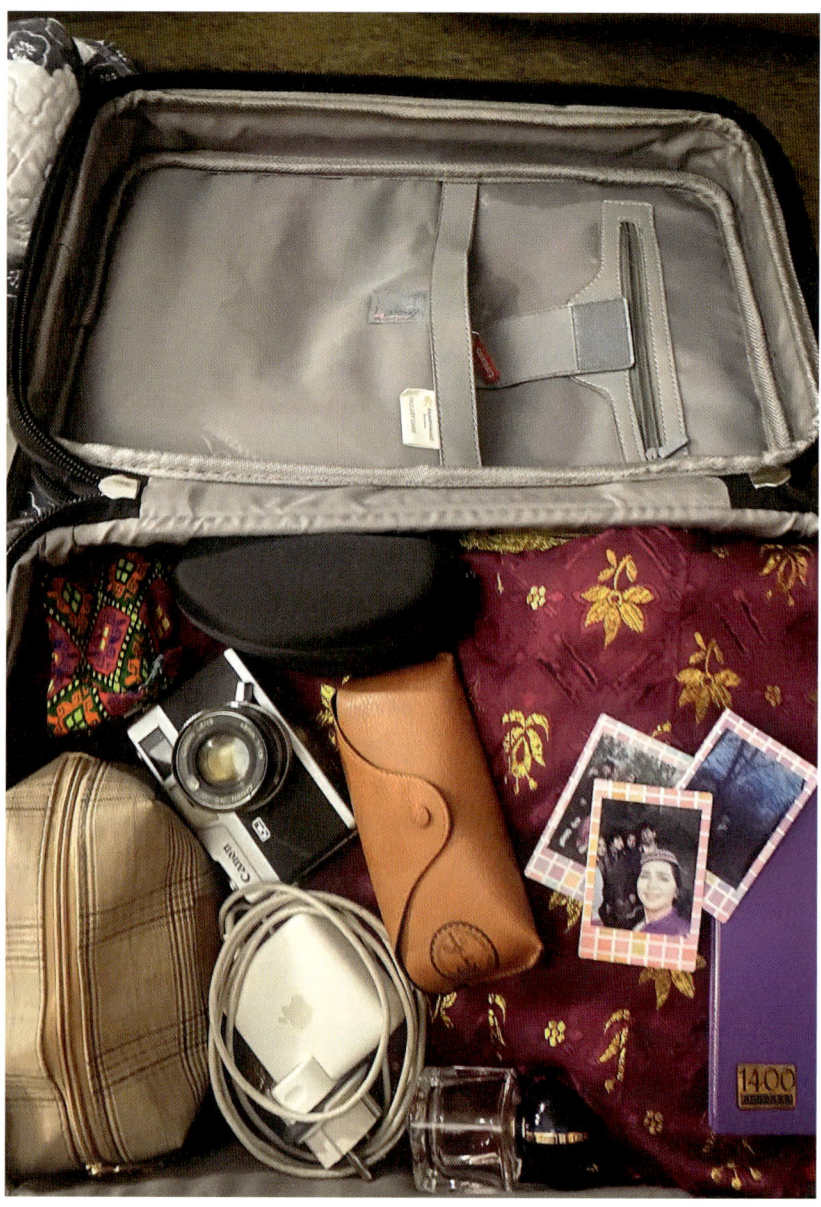

Aufbruch zum Flughafen *Donnerstag, 19. August*

Am frühen Morgen des 19. August fuhren wir vier Journalistinnen von zu Hause zum Flughafen. Dort waren wir über fünf Stunden lang. Die Taliban verprügelten Menschen. Es war wie in einem Film, mit so vielen Taliban-Kontrollpunkten in Kabul.

Wir haben es nicht geschafft. Die Taliban schlossen alle Tore und schossen ganz in unserer Nähe. Wir kehrten völlig erschöpft, gerädert und sehr enttäuscht zum Haus eines Freundes zurück. Wir vier versuchten, jeden, den wir kannten, anzurufen und um Hilfe zu bitten, aber es war so kompliziert.

Um 17 Uhr erhielten wir einen Anruf von einer anderen Freundin, die als Korrespondentin in den USA arbeitet, und sie gab uns eine andere Richtung vor. Diesmal fuhren wir zu zweit zum Flughafen und versuchten, über einen anderen Zugang hineinzugelangen. Ein Freund sagte uns: »Geht, und wenn ihr einen Weg findet, ruft uns einfach an«, aber wir wussten nicht, dass es das letzte Mal sein würde, dass wir uns sahen, und wir haben uns nicht einmal verabschiedet.

Aufbruch, um eine Stimme zu haben *Freitag, 20. August*

Ich konnte nicht glauben, als wir nach drei Stunden Fahrt durch Staus und Menschenströme auf das Gelände des Baron Hotels neben dem Flughafen gelangten. Wir blieben eine Nacht dort und standen am frühen Morgen des 20. August in der Schlange zum Flughafen.

Dort sah ich so traurige Szenen, die ich nie vergessen werde. Die Menschen standen Schlange, auf der einen Seite wurden sie von den Taliban verprügelt und nicht durchgelassen, und auf der anderen Seite versuchten ausländische Truppen, die Menschen zum Flughafen zu geleiten.

Es war herzzerreißend für mich, mein Volk so zu sehen, und ich wusste nicht, wem ich die Schuld geben sollte, der Regierung, unseren Führern, den USA oder wem auch immer. Die Hoffnung verließ mich. Nach unzähligen Einlasstoren kamen wir schließlich gegen 18:50 Uhr auf dem Militärflughafen von Kabul an.

Französische Soldaten brachten meine Freundin und mich in einen französischen Schutzraum innerhalb des Flughafens, und nach fünfstündigem Warten wurden wir am Samstag, dem 21. August, um 1:05 Uhr morgens endlich in ein französisches Militärflugzeug gebracht.

Es war das letzte Mal, dass ich unter afghanischem Himmel war; ich konnte nicht aufhören zu weinen. Ich hatte mir niemals vorstellen können, mein Heimatland eines Tages zu verlassen, so wie in den Geschichten, die ich von meinen Großeltern kannte. Im Jahr 2021 aber war es wieder soweit, und ich verließ mein geliebtes Heimatland wegen des Krieges, um meine Arbeit fortzusetzen und um eine Stimme zu haben.

Landung in Abu Dhabi *Samstag, 21. August*
Am Samstag um 4:18 Uhr morgens landeten wir in Abu Dhabi. Wir gingen in eine Unterkunft, um uns auszuruhen und uns für den nächsten Flug fertig zu machen.

Die Situation war so seltsam. Ich war nach Afghanistan zurückgekommen, um in meinem eigenen Land zu leben und dort zu arbeiten. Ich hätte mir nie vorstellen können, dass ich ebenfalls eine Migration erleben und zum Flüchtling werden würde.

Paris, Frankreich. Am Samstag um 14:10 Uhr starteten wir mit einem Militärflugzeug aus den Vereinigten Arabischen Emiraten nach Paris.

Eine weitere Auswanderung, eine weitere Katastrophe, eine weitere Tragödie, eine Wiederholung der traurigen Geschichte. Der 21. August 2021 war der Tag, an dem ich Afghanistan, mein geliebtes Land, verließ.

Ich war nach Afghanistan zurückgekehrt, um bisher ungesehene Porträts von Frauen und eine helle Seite meines Landes zu zeigen, und ich hätte mir nie vorstellen können, mein Heimatland auf diese Weise zu verlassen ...

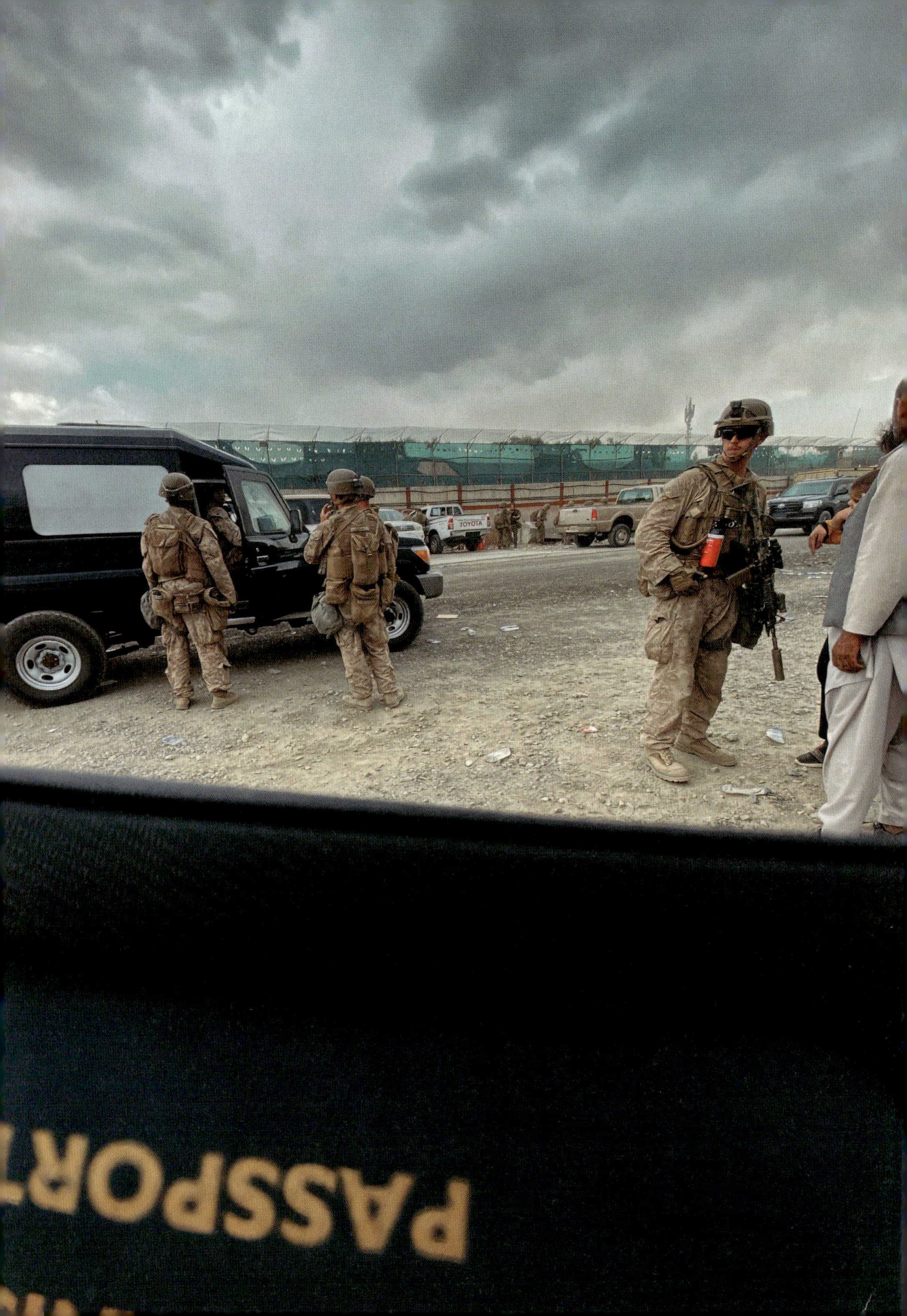
TOYOTA
PASSPORT

Gastbeiträge

Dr. med. Inge Haselsteiner
studierte Medizin in Innsbruck und arbeitet als Anästhesistin. Sie ist Associate Director Europe bei www.reconstructingwomen.org.

Ich sorge mich um die Frauen in Afghanistan!

Es sind starke, selbstbewusste, mutige Frauen, die jetzt nach dem Abzug der Truppen und der Machtübernahme durch die Taliban auf die Straßen gehen und für den Fortbestand von Frauenrechten auf Bildung und Freiheit kämpfen.

Diese Frauen fürchten sich nicht. Sie wissen, dass ihnen Prügel, Gefängnis, selbst Vergewaltigung drohen. Sie gehen das Risiko ein.

Was auch sie aber nicht ertragen können, sind die körperlichen Bestrafungsmethoden, die in Ländern wie Afghanistan, Pakistan, Bangladesch und anderen noch immer ausgeübt werden. Methoden, die nach unserem Menschenrecht und unserer Menschlichkeit einfach unvorstellbar sind.

Im Jahr 2010 ging das Bild des Mädchens Aisha als Geschichte einer Verstümmelung um die Welt, das das *Time Magazine* prominent auf der Titelseite gezeigt hatte. Das Mädchen, das mit ihrer Schwester eine erzwungene Opfergabe des Vaters an eine andere Familie war, das Mädchen, das ihr hartes Leben und ihre Quälereien ebendort nicht ertragen konnte und floh, das Mädchen, das damit ihrem Mann eine vermeintliche Schande zugefügt hatte, was auch als »Nase verlieren« bezeichnet wird, das Mädchen, dem der Ehemann daraufhin die Nase und die Ohren abschnitt ... Aisha, hätte sie gewusst, was man ihr wegen ihrer Flucht antun würde, wäre sicher nie geflohen. Wie sie überlebt hat ist unklar, aber danach war ihr einziger Wunsch, wieder eine Nase zu haben.

Die Veröffentlichung dieser Geschichte war der Beginn einer Bewusstwerdung, dass nur durch Bildung vor allem die Mädchen und

Frauen am Land vor derartigen traditionellen Bestrafungen geschützt werden können.

Auf unseren Einsätzen mit RWI – *Reconstructing Women International*, einer Organisation von plastischen Chirurginnen, die genau für diese entstellten und verlassenen Frauen gegründet wurde, haben wir immer wieder erlebt, was diese Verstümmelungen bei den Frauen bewirken: Die Frauen können nicht mehr kämpfen, sie sind froh, wenn sie funktionell überleben. Sie sind zutiefst geschändet mit ihren oft monsterartigen Gesichtern, ihren offenen Nasenhöhlen, ihren durch Säureattentate verwachsenen, unbeweglichen Hälsen, ihrer unwiederbringlich verlorenen Schönheit. Sie überleben, aber sie leben kaum noch.

Schon seit einigen Jahren fahren plastische Chirurginnen aus unserer Organisation auch nach Pakistan, um dort Nasenrekonstruktionen durchzuführen. Die Methode des Nasenabhackens zur Schändung von Frauen und Mädchen ist eine gängige Art der Bestrafung. Die Frauen können damit überleben, doch sind sie auf schlimmste Art und Weise entstellt und werden ihr Gesicht nie mehr zeigen wollen. Sie können sich selbst damit kaum ertragen, sie erschrecken vor sich selbst und verlieren jegliches Lächeln.

Sobald sich herumspricht, dass diese grausamen Bestrafungen, wie das Abhacken der Nase oder der Ohren oder das Amputieren von Extremitäten, wieder vermehrt, aber auch besonders zur Bestrafung von für ihre Rechte kämpfenden Frauen eingesetzt werden, werden Frauen, die politische Ämter innehatten oder auch medial gegen die Taliban aufgetreten sind, resignieren. Das wird ihren Mut brechen und die noch unversehrten Frauen zum Rückzug in die alte Tradition zwingen.

Versuchen wir uns das doch für uns selbst vorzustellen.

Und genau darum geht es – diese Brandmarkung, diese körperliche Verwundbarkeit, der Verlust unseres Gesichtes, unseres Selbst. Hier sind wir zutiefst verletzbar.

Dass sich diese Resignation aus Angst nun überall im Land ausbreitet, das ist meine Befürchtung auch für die starken kämpferischen Frauen in Afghanistan.

Prof. Dr. Maria Wersig

ist Professorin an der Hochschule Hannover und seit 2017 Präsidentin des *Deutschen Juristinnenbundes e.V.* (djb). Der djb wurde 1948 mit dem Ziel gegründet, die Gleichstellung von Frauen und Männern durchzusetzen.

Der *Deutsche Juristinnenbund e.V.* (djb) hatte vor Beginn der Corona-pandemie einen Austausch mit der afghanischen Richterinnenorganisation *Afghan Women Judges* begonnen. Wir planten ein Treffen in Berlin und einen Austausch darüber, wie Juristinnen gemeinsam ihr Wissen für Gleichstellung der Geschlechter und ein modernes Recht einsetzen können. Wie wir wissen, kam alles anders.

Mit der Machtübernahme der Taliban sind die Kolleginnen in Lebensgefahr, müssen sich verstecken oder fliehen. Sie stehen als gebildete Frauen, die eine Machtposition im Staat ausgeübt hatten, sicherlich für alles, was die Taliban bekämpfen. Gleichzeitig fürchten sie Racheakte nach der Öffnung der Gefängnisse. Aus deutscher Perspektive konnten und können wir als kleine NGO erschreckend wenig tun: Es gilt, politischen Einfluss zu nehmen, informiert zu bleiben über die Situation und sich zu vernetzen mit anderen, die sich einsetzen für gefährdete Kolleginnen und Kollegen. Eine Aufnahmeerklärung der Bundesrepublik für die Richterinnen hat es gegeben – eine gute Nachricht. Die Situation im Oktober 2021 ist, dass es Kolleginnen gibt, die in Drittländer ausgereist sind, die sich bereits in EU-Staaten befinden und aufgrund ihres Bezugs zu Deutschland nach Deutschland weiterreisen möchten, sowie diejenigen, die noch in Afghanistan sind und das Land verlassen möchten.

Ich hoffe, dass wir als Juristinnen in Deutschland unseren hart erarbeiteten Einfluss geltend machen können, sichere Ausreisemöglichkeiten (auch aus Drittländern) für die Frauen zu schaffen, und sie dabei zu unterstützen, ihr Leben nach ihren Vorstellungen zu gestalten.

Gleichzeitig stehe ich fassungslos vor dem Versagen einer internationalen Gemeinschaft, die sich im Wissen um die bestehenden

Gefährdungslagen auf eine Art und Weise aus Afghanistan zurück-
gezogen hat, die völlig unsolidarisch ist gegenüber den vielen Frauen
und Männern, die für den Aufbau eines demokratischen Rechtsstaats
in Afghanistan hart gearbeitet und viel riskiert haben.

Theresa Breuer
**lebt und arbeitet als Journalistin und Filmemacherin im
Nahen Osten und Zentralasien. Sie engagiert sich für die
Initiative *Kabul Luftbrücke*.**

Seit drei Wochen hält sich die 15-jährige Samira mit ihrer Familie in
Kabul versteckt. Nach Hause kann sie nicht. Der Vater ist verschuldet,
die Nachbarn drohen, ihn den Taliban auszuliefern. Die Familie wäre
leicht zu denunzieren, sind die Töchter doch oft aufgefallen in der
Nachbarschaft. Weil sie Fahrrad fuhren. Berge bestiegen. Kampfsport
betrieben. Ein Verwandter aus der Heimatprovinz hat Hilfe angeboten.
Er könne die Familie aufnehmen. Im Gegenzug verlangt er, die jüngste
Tochter zu heiraten.

Samiras Schicksal zeigt, dass die patriarchalische Denkweise selbst
aus der urbanen Mittelschicht Afghanistans nie verschwunden ist. Sie
war nur weniger sichtbar. Jetzt, wo die Taliban eine groteske Frauen-
feindlichkeit wieder zur Norm erheben, wuchert sie überall aus. Frauen
müssen nicht nur fürchten, nicht mehr arbeiten oder studieren zu dürfen. Sie müssen dazu noch fürchten, an Männer verkauft zu werden,
um die Schulden der Familie zu begleichen.

Seit die Taliban in Kabul einmarschiert sind, evakuiere ich mit der
Initiative *Kabul Luftbrücke* gefährdete Menschen aus Afghanistan. Vor
allem alleinstehende Frauen stellen uns dabei vor Herausforderungen.

So wie Bahara. Die 20-jährige Schachspielerin wurde zwei Jahre lang
von einem Taliban-Kämpfer umworben und bedroht. Wochenlang haben
wir versucht, sie zu evakuieren. Unsere Versuche scheiterten in letzter
Minute, weil sie plötzlich nicht erreichbar war. Ihr Bruder entschuldigte

sie jedes Mal, sie sei krank. Vor einer Woche wagte Bahara einen letzten Versuch, ohne ihrer Familie davon zu erzählen. Sie ist nun in Sicherheit und wird demnächst nach Deutschland reisen.

Frauen in Afghanistan leiden nicht nur unter familiärem Druck, ökonomischen Zwängen und dem neuen Taliban-Regime. Sie leiden auch unter den Konsequenzen unseres gebrochenen Versprechens: Die Werte von Gleichberechtigung und Selbstbestimmung, sie gelten nicht mehr. Zumindest nicht in Afghanistan. Um diese Werte außerhalb ihrer Heimat leben zu können, müssen wir sie unterstützen, mehr denn je.

Düzen Tekkal
Autorin, Fernsehjournalistin, Filmemacherin und Kriegsbericht-erstatterin und Gründerin der Menschenrechtsorganisation HÁWAR.*help* e.V.

Als die Bilder aus Afghanistan im August um die Welt gingen, hatte ich einen Déjà-vu-Moment: Bärtige Männer mit Gewehren auf Pick-Ups, die mit wehenden Fahnen Städte und Dörfer einnahmen... das erinnerte mich an den August 2014, als die Truppen des sogenannten »Islamischen Staats« in die Region Sindschar in Irak einfielen – dem angestammten Siedlungsgebiet der Jesiden. Selbstverständlich hat in Afghanistan nicht direkt ein Genozid stattgefunden. Mit allzu schnellen Vergleichen sollte man sparsam bei der Hand sein. Aber mir war sofort klar, was der Siegeszug der Islamisten für die Frauen im Land und ihre Freiheiten heißt. Da habe ich sofort eine Empathie gespürt und mir war klar: »Wir müssen was machen!«

Das war der innere Ruf, der vom äußeren Ruf begleitet wurde: Mein Telefon glühte von morgens bis abends und ja, auch die Nächte durch. Verzweifelte Hilferufe von Afghanen und Afghaninnen aus dem Land selbst, aber auch aus der Diaspora erreichten mich über alle Kanäle. »Ihr seid doch eine Menschenrechtsorganisation. Wir haben Angst vor den Taliban! Wir wollen hier nicht sterben! Tut bitte etwas!« Oder: »Meine

Tanten und Onkel, Brüder und Schwestern leben in Afghanistan. Ich weiß nicht, was ich machen soll.« Die Nachrichten ähnelten auf gespenstische Weise denen, die ich sieben Jahre zuvor von den Jesiden erhielt.

Dank unseres über Jahre gewachsenen Netzwerks mit HÁWAR.help konnten wir sehr schnell eine Hilfskampagne aus dem Boden stampfen. Mit der Initiative *Defend Afghan Women's Rights* haben wir innerhalb kürzester Zeit Gelder gesammelt, um Frauen- und Menschenrechtsorganisation zu unterstützen, die in Afghanistan wertvolle Hilfe leisten. Doch das reicht bei Weitem noch nicht. Mir ist es sehr wichtig, dass wir das Thema präsent halten. Eine Zeitlang war sehr viel aus dem Land zu hören. Zahlreiche Medien berichteten. Aber dann kam die Bundestagswahl und die Aufmerksamkeit schwand – wie so oft. Auch das kannte ich bereits aus meinem Kampf für die Überlebenden des Genozids. Das hängt auch damit zusammen, auf welche Weise Geschichten erzählt werden. Die Angreifer scheinen immer irgendwie interessanter. Die Opfer bleiben im Hintergrund. Dieses Prinzip haben wir immer ausgehebelt mit unserer Menschenrechtsarbeit. Denn die Islamisten sind nicht interessant.

Deswegen war es mir auch bei Afghanistan so wichtig, betroffene Frauen zu Wort kommen zu lassen – etwa bei unserer Pressekonferenz Anfang September, wo wir Zarifa Ghafari zugeschaltet haben, die bislang einzige Bürgermeisterin Afghanistans, die gesagt hat, dass sie niemals ihren Kampf für die Rechte der Frauen aufgeben wird. Dieser Mut, zu sagen: »Wir sind noch da«, und die Unbeugsamkeit, die sagt: »Wir bleiben auch da«, imponieren mir immer wieder! Das Schicksal von Menschen, die das Pech hatten und haben, in Teilen der Welt geboren zu werden und aufzuwachsen, in denen Chaos und Despotie, Hunger und Not herrschen darf uns nicht kalt lassen! Wir können alle jeden Tag ein Stück dazu beitragen, dass die Welt von morgen anders aussieht, dass Mädchen zur Schule gehen können, dass sie Anwältinnen, Ärztinnen, Bürgermeisterinnen, ja, vielleicht sogar Präsidentinnen werden können. Frauen sind Akteurinnen des Wandels. Wenn die andere Hälfte der Menschheit die Geschicke der Gesellschaft mitgestaltet, kann das die Verhältnisse zum Tanzen bringen. Dafür kämpfe ich.

Susanne Koelbl
Auslandsreporterin DER SPIEGEL

20 Jahre lang haben die afghanischen Frauen sich entwickelt und qualifiziert und mitgeredet. Viele haben die neuen Chancen genutzt, der Himmel war die Grenze, zum Beispiel für die afghanischen Pilotinnen. Jetzt ist die Grenze, seit der Machtübernahme der Taliban, für die meisten nur noch wenige Meter vom Herd entfernt und endet an ihrer Haustür.

Schlusswort

Der Umschlag dieses Buches zeigt eines meiner Gemälde, #001 einer Serie von Werken mit dem Titel »The Eyes of the Innocent« (Die Augen der Unschuldigen).

Hinter diesem Gemälde stecken die Gesichter von 25 verschiedenen afghanischen Mädchen und Frauen, deren Porträts als Fotografie in den Jahren 2009 bis 2011 in Afghanistan aufgenommen wurden, um daraus dieses Gesamtporträtgemälde entstehen zu lassen. Es sollte mein erstes Werk einer Reihe von Werken mit diesem Titel werden. Ich schenkte es meinem Heimatland Afghanistan und überreichte es im Mai 2011 dem Kulturminister zur Weitergabe an die Nationalgalerie – demselben Museum, in dem sich bereits Gemälde meines Großvaters, des afghanischen Kunstmalers Abdul Rab Hamidi, befunden hatten, darunter das Ölporträt des verstorbenen afghanischen Königs Amanullah. Wir beide waren Absolventen der Akademie der Schönen Künste – er in Kabul und ich, ungefähr fünf Jahrzehnte später, in Montreal, Kanada.

Beide Gemälde wurden vermutlich von den Taliban zerstört: bei der ersten Machtübernahme 1996 und nun im Jahr 2021.

Dank

Verlegerin und Herausgeberin möchten sich herzlich bei allen bedanken, die uns finanziell so großzügig unterstützt und somit das Erscheinen dieses Buchs möglich gemacht haben.

Kirsten Ackermann-Piech, Myrtle Barrow, Marie-Sophie von Bibra, Jan Stefan Findel und Susan Cummings-Findel, Simona Fix, Bettina Fritsche-Friedrich, Dr. Inge Haselsteiner, Cord-Georg und Caroline Hasselmann, Ulrike-Beate Heidler, Hans-Henning Ihlefeld, Brigitte Elisabeth Milse-Dressel, Birgit Neiser, Eva Rapaport, Friedrich-Karl Sandmann, Heike Schneeweiss, Jutta Speidel, Layla Waziri, Jermabelle Westner

Ein großer Dank geht an die Autorinnen der Gastbeiträge: Theresa Breuer, Dr. Inge Haselsteiner, Düzen Tekkal, Prof. Dr. Maria Wersig und Susanne Koelbl. Ebenso wie an Margaret Atwood für ihr Vorwort, das uns in herausfordernden Zeiten beflügelte und berührte.

Des Weiteren danken wir allen, die uns auf vielfältige Weise durch die Vermittlung von Kontakten und ihren unermüdlichen Arbeitseinsatz unterstützt haben. Darunter sind auch Menschen, deren Namen wir aus Sicherheitsgründen nicht nennen können.

Eva Römer (Lektorat und Redaktion), Florian Frohnholzer (Gestaltung und Satz), Anne Stukenborg (Programm und Organisation), Sven Koch (Übersetzung), Jan Russok (Lithografie und Herstellung), Homa Popal (Transkription, Übersetzung, Bearbeitung), Zohal Nelly Popal (Transkription, Bearbeitung), Ila Yaqub (Transkription, Bearbeitung), Lianna Adams (Bild-film/Digital Beraterin), Hermine Kaiser, Philipp Sandmann, Mina Yaqub, Joyce Korotkin, Shakila Ibrahimkhail, Sandra Petersmann, Nina Yaqob, Geoff Blackwell, Ruth Hobday.

© 2021 Elisabeth Sandmann Verlag GmbH, München
ISBN 978-3-945543-56-6

Übersetzung des Vorworts von Margaret Atwood:
Sven Koch
Redaktion, Übersetzungen, Lektorat:
Nahid Shahalimi, Elisabeth Sandmann, Eva Römer

Alle Fotografien im Buch wurden von den Frauen
selbst zur Verfügung gestellt, mit Ausnahme folgen-
der Rechteinhaber: Seite 98 © Najia Anwari/DW,
mit freundlicher Unterstützung der Deutschen
Welle; Fotografie Nahid Shahalimi (Umschlag)
© Isa Foltin; Fotografie Margaret Atwood (Umschlag)
© Kieran E. Scott, aus: 200 Frauen. Was uns bewegt,
mit freundlicher Genehmigung von Blackwell & Ruth
blackwellandruth.com.

Umschlaggestaltung unter Verwendung des Gemäldes
von Nahid Shahalimi: »The Eyes of the Innocent«,
Wachs und Multi-Medium auf Leinwand, 2011

Gestaltung und Satz:
Sofarobotnik, Augsburg & München
Lithografie und Herstellung: Jan Russok
Druck und Bindung: ForPress, Nitra

Besuchen Sie uns im Internet unter www.esverlag.de